집에서부터
시작된
마음의 여정

누구나 갖고 있는 우리들의 가족 이야기

집에서부터 시작된 마음의 여정
누구나 갖고 있는 우리들의 가족 이야기

초판 1쇄 발행 2024년 12월 1일

지은이 김명준, 김지수, 박성호, 박훈민, 심종하, 이경미, 임종미, 오세환, 오아름
펴낸이 장길수
펴낸곳 지식과감성#
출판등록 제2012-000081호

교정 김지원
디자인 서혜인
편집 서혜인
검수 한장희, 이현
마케팅 김윤길, 정은혜

주소 서울시 금천구 벚꽃로298 대륭포스트타워6차 1212호
전화 070-4651-3730~4
팩스 070-4325-7006
이메일 ksbookup@naver.com
홈페이지 www.knsbookup.com

ISBN 979-11-392-2241-8(03810)
값 12,000원

- 이 책의 판권은 지은이에게 있습니다.
- 이 책 내용의 전부 또는 일부를 재사용하려면 반드시 지은이의 서면 동의를 받아야 합니다.
- 잘못된 책은 구입하신 곳에서 바꾸어 드립니다.

지식과감성#
홈페이지 바로가기

집에서부터
　　　시작된
마음의 여정

—— 누구나 갖고 있는 우리들의 가족 이야기

• 김명준 김지수 박성호 박훈민 심종하 이경미 임종미 오세환 오아름 •

목차

프롤로그   6

아직은 괜찮아 — 김명준   14
가족 — 김지수   34
마음의 모양 — 박성호   52
나의 나 된 것은 다 하나님의 은혜라 — 박훈민   66
나, 또 다른 나 — 심종하   86
단란한 가족(바비아나) — 이경미   106
우리 집 텃밭에는 무엇을 심을까요 — 임종미   118
가족과의 시간 — 오세환   136
역할극 — 오아름   150

에필로그   166

작가에게 보내는 응원 — 전익수   172

프롤로그

김명준

　언제부터인가 대한민국에는 혼자 사는 1인 가구가 점점 늘어나는 추세입니다. 본인이 원해서, 또는 상황이 되지 않아서 등 여러 가지 이유가 있겠지만, 결국에는 결혼을 하지 않거나 이혼을 하고 자신만의 인생을 살고 싶어 하는 사람들이 많아진다는 뜻입니다.

　가족의 형태는 시대에 따라 변화하고 있습니다. 예전에는 당연하게 여겨졌던 전통적인 대가족이 어느덧 핵가족 형태가 되었고, 이제는 미혼의 1인 가구나 아이를 낳지 않은 2인 가구 등 다양한 형태로 존재하고 있습니다. 아직까지는 남자와 여자가 결혼을 한 후 혼인신고를 하는 등 여러 절차가 있지만, 미래에는 그저 '좋아하는 사람끼리 같이 산다'라는 동거 형태의 가족이 주를 이룰 수도 있습니다.

김지수

책을 선택하신 여러분의 마음속에는 이미 작은 호기심과 따뜻한 감정이 조금은 피어났으리라 믿습니다.

글을 쓴다는 것은 단순한 작업이 아닌 주제를 통해 저자와 독자 여러분이 함께하는 여정이라고 생각합니다.

평범한 저자가 전하는 특별한 가족 이야기는 우리 모두의 삶에 깊숙이 자리 잡고 있는 관계의 본질을 탐구합니다.

독자 여러분이 페이지를 하나씩 넘길 때마다 작은 위로와 공감을 발견할 수 있기를 바랍니다.

박성호

가족이라는 존재는 항상 나의 곁에 있기에 깊게 생각해 본 적이 없었다. 글을 쓰게 될 기회가 생기고 주제가 가족이라고 정해졌을 때 비로소 가족에 대해 좀 더 생각해 보면서 글을 쓸 수 있었다.

나의 글을 읽고 가족이란 나에게 어떤 존재인지 한 번쯤 깊게 생각해 보는 글이 되었으면 좋겠고 나의 가족들에게 힘이 되었으면 한다.

나는 사회의 일부분을 차지하고 있는 구성원이다. 누군가는 학생이 되어 학교에서 공부를 하고 누군가는 취업하여 각자의 일터에서 일을 한다.

이 구성원들이 모여있는 사회를 큰 도형으로 놓고 사회의 구성원은 각자 다르게 생긴 모양의 작은 도형이라고 생각하며 그림을 그려보자.

박훈민

"나의 나 된 것은 하나님의 은혜로 된 것이니"
고린도전서 15장 10절 일부 내용.

내가 살아가는 인생이란 여정은 어떻게 시작이 되었고, 어떻게 살아가고 있으며, 어떻게 마무리가 될 것인가?

이런 생각을 가지게 한 나의 가족에 대한 이야기를 시작하며, 나를 둘러싼 가족 구성원의 삶의 여러 가지 일들에 대하여 다루고 싶다. 내가 어떤 은혜를 입었고, 내가 감사해야 할 제목은 무엇이며, 내가 받은 은혜가 무엇인지를 알고, 앞으로의 나는 어떻게 살아가야 할 것인가 하는 비전 또는 소망을 찾기를 바라는 마음으로 이 글을 집필하려 한다.

심종하

처음에 가족이라는 콘셉트를 받았을 때 어떻게 써야 좋을지 참 막막했었다. 그러다 반백 세 살아온 인생을 돌아보니 참으로 많은 일들이 있었다는 생각이 들었다.

위로 모셔야 하는 부모님, 아래로 성년이지만 아직 독립하지 못한 자녀들….

많다면 많은 나이이지만 그래도 살날이 적지 않은 나로서는 이번 기회에 가족이라는 것에 대해 다시 한번 더 생각해 보고 이 글을 시작하려 한다.

이경미

우린 모두 가족이 있다. 나에게 가족은 나를 세상에 태어나게 해준 가족 그리고 내가 선택한 가족이라고 생각한다.

행복과 슬픔은 한 끗 차이라는 말이 있듯, 나에게 가족은 나를 살게도 하지만 나를 너무 힘들게 하는 족쇄 같다고 느낄 때도 있다. 하지만 가족은 나에게 행복을 주는 소중한 존재이다.

나와 함께하는 내가 바라보는 우리 가족을 소개하며, 행복했던 가족의 모습을 다시 한번 떠올려 보려고 한다.

임종미

가족에 대해 얘기하다 보면 항상 하는 말이 있다. "난 사랑 못 받고 컸어." 그동안 내가 왜 이런 생각을 하게 되었는지 되돌아보고 싶다는 생각을 줄곧 했기 때문에 글로 적어보며 내 생각을 정리해 보았다. 내 이름을 걸고 내가 느끼는 가족에 대해 솔직하게 말하는 일이 처음이라 조금은 부끄럽다는 생각이 들었다. 하지만 이렇게라도 내 마음을 표현하고 남길 수 있음이 좋은 기회라 생각하고 또한 고맙다.

오세환

삶은 시간이 지나면서 자연스럽게 우선순위가 변하는 과정을 겪는다. 결혼을 하고 부모가 되어가는 과정에서 내 삶의 중심이 변화했다. 예전에는 자유로운 생활을 즐겼지만, 지금은 가족과의 시간이 가장 중요한 가치가 되었다.

특히 부모님의 작아진 어깨와 주름진 얼굴을 보면서 당연하게 여겼던 것들이 더 이상 당연하지 않다는 사실을 깨달았다.

그 후로 주말을 가족과 함께 보내며 소중한 시간을 쌓고, 자녀와의 소중한 추억을 만드는 것이 나의 삶의 중요한 부분이 되었다.

오아름

  나의 밝고 긍정적인 성격의 원천은 바로 가족의 사랑이라고 생각한다. 그 사랑이 익숙해져서 크기의 표현을 제대로 하지 못했던 것 같다.

  내가 행복하다고 느꼈던 추억들을 글로 표현하여 남겨놓고 싶었고 공유하고 싶었다. 그래서 이 책을 나의 사랑하는 가족들에게 선물로 주고 고맙다고 사랑한다고 표현하고 싶다.

01 — 김명준

작가 소개

1985년 8월생으로 서울 성북구 장위동에서 태어났다. 미혼으로, 현재는 서울 강남구에 거주하고 있으며 가족들과 함께 살고 있다. 먼 훗날 나의 인생을 되돌아보았을 때 그 어떤 후회와 미련이 남지 않도록 열심히 살아가는 것이 목표다.

작가 노트

인간은 완벽한 생명체가 아닙니다. 그런 인간들에 의해 만들어진 '가족'이라는 공동체 또한 완벽하다고 말할 수 없습니다.
하지만 가족은 서로의 부족함을 이해해 주고 다시 일어설 수 있도록 큰 힘을 주는 존재인 것만은 분명합니다.
이 책을 읽음으로써 가족의 소중함을 느낄 수 있는 계기가 되기를 바랍니다.

아직은 괜찮아

◧ 우리 가족은 평범한 걸까?

초등학교 시절, 교과서에서 '화목한 가족'이라는 예시의 그림을 보았다. 엄격하지만 한편으로는 자상하신 아버지, 사랑으로 보듬어주시는 어머니, 사이좋은 형제자매가 서로 웃으면서 이야기를 하거나 식사를 하는 모습이 그려져 있었다.

"이상하다?"

어린 나이였음에도 나에게 있어서 교과서 속 화목한 가족의 그림은 상당히 이질적인 모습이었다. 우리 집과는 사뭇 다른, 마치 다른 세상에서나 있을법한 꿈 같은 그림이었기 때문이다.

우리 집은 그다지 화목한 가정이 아니었다. 기쁜 일보다는 슬픈 일이, 밝은 이야기보다는 어두운 이야기가 거의 대부분을 차지했다. 자랑할 만한 일이 아니기 때문에 구태여 밖으로 꺼낼 필요가 없으며, 억지로 끄집어내면 그나마 잊고 지냈었던 아픔들이 다시 살아나 버릴 수가 있기에 기억하지 않으려 애쓴다.

만약 나와는 반대로 자신의 가족이 '화목한 가족'에 속한다면, 그건 일반적인 평범한 가족이 아니라 축복받은 가정이라고 해도 과언이 아니다.

결혼을 하여 아이를 낳고 한 가족의 가장이 된다면 '절대로 아버지처럼 가족을 함부로 대하지 않겠다'고 다짐하며 살았다. 불행한 가족사로 남게 된 결정적인 원인이 바로 아버지였기 때문이다. 어쩌면 그런 아버지 밑에서 나와 누나들이 나쁜 길로 빠지지 않고 올곧게 자란 것이 엄청난 기적일지도 모른다.

"내 나이 벌써 40이네."

하지만 다짐과는 달리 나는 아직 결혼을 하지 못했다. 그러기에 내 가족은 아직 존재하지 않으며 줄곧 한 가정의 구성원으로 살아왔다. 또한 아버지와 똑같이 담배도 하고 술도 좋아하는데, 어떻게 보면 아버지를 따라가는 듯 보이지만 그때의 다짐만큼은 아직도 굳건하다.

지금 돌이켜 보면 나 역시 흔히들 집에서 내놓은 자식이라며 손가

락질하는 그런 사람이 되었을 수도 있었다. 하지만 불행 중 다행이라고나 할까, 어릴 적 내가 다니던 학교와 동네에는 가정환경이 상당히 좋지 않은 친구들이 상당히 많이 있었다. 부모님이 모두 돌아가신 친구, 부모님 중 한쪽이 집을 나가버리거나 이혼한 친구 등등 말이다.

초등학교 저학년이라는 그 나이에 '우리 집은 참 불행한 집안'이라며 한탄하고 있었지만, 주위의 나보다 더 가정환경이 좋지 않았던 친구들을 보면서 그래도 우리 집은 조금 나은 편이라며 안도하고 있었다.

지금도 연락하며 자주 만나는 친구 중 한 명은 아주 어릴 적 아버님이 돌아가시는 바람에 어머님이 아침 일찍 식당에 출근하여 돈을 버시며 두 형제를 위해 일을 하셨다. 그런 이유로 친구는 어머님의 사랑을 제대로 받지 못하고 자랐으며, 그 친구가 나에게 했던 "너는 아빠 있어서 좋겠다!"라는 말이 아직도 기억에 남는다. 솔직하게 말하자면 이 말은 그 당시에도, 그리고 지금까지도 전혀 공감하지 못하고 있다.

아버지가 일찍 돌아가신 그 친구는 '아버지'에 대한 환상이 차고 넘쳤겠지만, 실제로 우리 집에서 아버지라는 사람은 공포의 대상이었다. 지금이야 나이가 들어 많이 노쇠해지신 데다 어머니도 돌아가셔서 제대로 된 말동무 한 명 없기에 집에 누워서 그냥 TV만 보시거나 식사를 한 후 공원에서 대략 40분 정도 걷기 운동을 하며 지내고 계시지만 말이다.

그래서일까? 그런 그 친구는 결혼을 하고 어느덧 아이 아빠까지 되어버렸는데 정말이지 아버지의 역할을 잘 해내고 있다. 말 그대로 교과서에서나 볼법한 아버지의 정석인지라 오히려 너무 이질적이어서 친구들끼리 모이면 "연기하지 마라, 본성을 드러내!"라며 장난을 치고는 한다.

아직 결혼을 하지 않았으며, 당연히 아이도 없는 나에게는 그런 친구의 모습이 상당히 부럽지만 한편으로는 안쓰럽기도 하다. 자신의 가족이 있기에 결코 쓸쓸하지는 않겠지만, 그 놀기 좋아하던 친구가 부인과 아이를 먹여 살리기 위해 주말까지 일을 하며 돈을 벌고 있다.

만약 내가 결혼을 하여 가족이 생긴다면 분명 행복한 일이겠지만, 한 가정의 가장이 되는 것이라 악착같이 돈을 벌고 아껴야 한다. 친구가 느끼는 부담감과 책임감을 지금 당장은 알 수 없지만, 그때가 되면 나 역시 똑같이 느끼게 될 것이다.

▣ 어린 유부남을 만나다

2004년, 고등학교를 졸업하고 대학교에 진학했다. 그때 내 나이 20세로 결혼과는 거리가 먼 아주 어린 나이였으며, 당연하게도 이 정도 나이대의 대한민국 남자라면 다른 무엇도 아닌 군 입대라는 현실

적 문제로 인해 큰 실의에 빠져있을 것이다.

군 입대를 위한 신체검사 당시 혹여나 공익으로 빠지거나 면제판정이 나오지는 않을까 기대했지만 역시나 현역으로 판정이 나왔고 이듬해인 2005년 논산훈련소에 입소를 하게 되었다. 지금 생각해 보면 그 몸무게에 어떻게 3급 판정이 나왔는지 의문이다.

"안녕하세요…."

연무대에서 약 5일 정도 대기를 한 후 실제 훈련소로 입소한 내가 같은 내무반의 왼쪽에 있던 처음 보는 사람에게 건넨 인사였다. 나보다 키가 조금 크고 덩치도 상당히 좋았던 그 사람은 한 살 많았던 형이었으나 군대에서는 나이가 아닌 군번이기에 얼마 지나지 않아서 반말을 하며 상당히 친해진 상태였다.

그렇게 오른쪽 사람과 친해지고, 그 옆의 사람과도 친해지고 옆의 옆 사람과도 친해져서 어느덧 한 무리를 이루어 열심히 훈련을 받으며 군 생활을 이어나가던 도중 충격적인 사실을 알게 됐다.

"형 결혼했어? 애도 있다고? 심지어 둘이나? 군 면제 아니야? 군대 왜 왔어?"

무려 20년이 지났지만 아직도 내가 했던 질문 세례가 생생히 기억난다. 처음 말을 걸었던, 나보다 나이가 한 살 더 많았던 그 형은 당시 22세의 나이로 무려 애가 둘이나 있던 유부남이었다. 그때까지만 해도 내 주위에는 아이는커녕 결혼조차 한 사람이 없었기에 완전히 다른 세상의 사람처럼 보였다. 심지어 둘째인 아이가 세상에 태어난 지 한 달도 안 되어 군에 입대한 상황이라 질문을 안 하는 게 오히려 이상할 정도다.

고작 5주 동안 같이 지냈을 뿐이지만 그 형의 와이프에게서 하루에 한 통씩 편지가 왔으며 그 안에는 갓난아이의 사진이 항상 한 장 이상씩 동봉되어 있었다. 그 편지를 읽고 아이의 사진을 보며 형은 항상 "아… 애들 보고 싶다."라고 말하며 5주 내내 눈물을 그렁거렸다. 사실 이 형의 가족사가 그리 순탄한 건 아니었다. 요즘 TV 프로그램에서 인기리에 방영되는 '고딩엄빠'가 만약 20년 전에 방영했다면 100%의 확률로 사연자가 되어 방송에 나왔을 것이다.

고등학교 때 여자친구와 흔히 말하는 사고를 쳐서 아이를 갖게 되었으며, 당연히 양가의 부모님들은 결혼을 반대하였고 심지어 낙태를 권유하였다고 한다. 그러나 이러한 협박 따위로는 이들의 사랑을 갈라놓을 수가 없었고, 결국 양가 부모님들과 아예 연을 끊은 채 여자친구와 함께 본가를 나와 살게 되었다고 한다. 그렇게 아르바이트를 하고 아이를 키우며 생계를 꾸려가던 중 찾아온 나쁜 소식과 좋은 소식, 즉 입영 소집 영장과 둘째의 임신이 찾아왔다.

　군 입대로 인해 벼랑 끝으로 몰린 형은 결국 양가 부모님들께 석고대죄를 하며 용서를 구하였고 군 입대 전 늦은 결혼식을 올렸다고 한다. 물론 당시 자신의 파란만장한 인생사를 늘어놓았던 그 형은 결과가 그나마 좋았기에 망정이지 그게 아니었다면 상상도 하기 싫은 일이 벌어졌을 거라며 이야기가 끝나던 막판에는 항상 쓴웃음을 지었다.

　TV 드라마에서나 볼법한 인생사를 가진 사람을 군대에서 만난 후 결혼이라는 것에 대해 깊게 생각하게 되었다. 사랑하는 사람을 만나 결혼을 하여 아이를 낳고 열심히 육아를 하며 화목한 가정을 꾸려나가는 것이 일반적인 결혼의 의미라고 생각했지만 현실은 전혀 다르다.

　결혼을 한다는 건 새로운 하나의 가정, 즉 자신을 희생하며 책임지고 지켜야 할 가족이 생긴다는 뜻이다. 훈련소에서 만난 형에 의해 '결혼'과 '가족'이라는 단어가 주는 진정한 무게를 느낄 수 있었으며, 이로 인해 더 깊은 고민을 하여 미래를 준비해야겠다는 생각을 하게 되었다.

▣ 우리 문자 정도는 하고 살자

23세에 군대를 제대한 후 몇 달도 안 되어 친하게 지내던 한 살 많은 형에게서 전화가 왔다. 당연히 어디 놀러 가자고 하거나 술 마시자는 연락인 줄 알았던 나는 전화기 너머에서 들려온 말에 큰 충격을 받았다.

"나 결혼한다."

"오늘 만우절인가?"

달력을 보니 마침 4월 1일 만우절이었다. 고작 24세의 나이로 대학도 졸업하지 않은 형의 말이 처음에는 만우절 농담인 줄 알았다. 하지만 얼마 후 내 손에 주어진 청첩장을 보고 나서야 현실임을 깨달았다. 여자 친구가 생겼다는 사실을 몇 달 전에 듣기는 했는데 갑작스럽게 결혼 소식을 알려온 그 형.

"여자 친구 임신했어."

아니나 다를까, 역시나였다. 그래도 다행히 양가 부모님과 얘기가 잘되었는지 일사천리로 날짜를 잡고 결혼을 했다. 이후 새해가 되면 문자로 서로의 안부를 묻고는 했는데 그마저도 5년 전부터는 연락이 안 된다.

2009년, 내가 25세의 나이로 회사에 취업해 40세가 된 올해까지 어림잡아 약 40명 이상의 지인들이 평생 반려자를 만나 결혼을 했다. 결혼식에 가서 축하한다는 말과 함께 축의금을 준 후 같이 사진을 찍었다. 그렇게 결혼을 한 대부분의 사람들과 2년에서 3년 정도 연락을 주고받다가 자연스럽게 연락이 끊겼다.

결혼하기 전에는 바쁜 사회생활을 하면서도 최소 3개월에 한 번씩은 만나 술을 먹으며 젊음을 즐겼던 사람들이었기에 수년째 연락이 안 되는 이들에게서 엄청난 배신감을 느낀다.

많은 인생 선배님들의 이야기에 따르면, 사회생활을 몇 년 정도 하다 보면 정말 친했던 사람들이라 할지라도 연락하는 횟수가 줄어들면서 자연스럽게 연락이 끊긴다고 한다. 그나마 끝까지 남는 건 초등학교나 중학교, 고등학교를 같이 다니며 친하게 지냈던, 흔히 말하는 죽마고우뿐이라고 한다.

그런데 정작 내가 겪어본 바에 따르면 사회생활 때문에 연락이 소홀해지고 결국 두절되는 게 주된 이유는 아닌 것 같았다. 결혼을 하여 새로운 가정을 꾸리게 된 사람들이 연락 두절 부류의 주를 이루고 있기 때문이었다.

하지만 이해하지 못하는 건 아니다. 평생 반려자를 만나 결혼을 했으니 아무리 오래전부터 알고 지낸 사람이라 할지라도 친한 지인의 우선순위가 자신의 가정보다 높을 수는 없다. 당연히 배우자와 자식들에게 더 많은 시간을 할애하며 행복한 가정을 이어나가야 한다.

"여보세요? 오랜만이야, 잘 지냈어? 나 결혼해."

물론 연락 두절로 인해 생사가 불분명했던 사람이 기적처럼 먼저 연락하는 경우도 있다. 그중 대부분이 자신의 결혼 소식을 알리기 위함이었으며, 심지어 전화번호가 바뀌었거나 전혀 친한 사람이 아님에도 이때만큼은 죽마고우 부럽지 않을 정도의 친근함으로 무장하여 연락을 해온다.

결혼을 하니 당연히 축하할 일이지만 이런 사람까지 챙겨줄 정도로 내 속은 그리 넓지 않다. 같은 학교를 다니며 친하게 지낸 사람도, 함께 전국을 누비며 여행을 같이 한 사람도, 2년간 한솥밥을 먹으며 지냈던 군대 동기도 연락이 끊기는데 수년 만에 뜬금없이 전화해 결혼 소식을 알리는 사람과의 미래 관계는 불 보듯 뻔하다.

어디까지나 대부분일 뿐 다 그렇다는 얘기는 아니다. 극히 일부이기는 하지만 꾸준히 연락이 되는 사람들도 있으며 초중고를 포함해 대학교까지 다니면서 친하게 지낸 대부분의 친구들은 결혼한 이후에도 연락을 이어가고 있다.

앞서 말했듯이 이렇게 연락이 끊기는 일이 상당히 많았지만 약간 서운할 뿐 전혀 이해하지 못하는 건 아니다. 결혼을 한 이후의 연락 두절은 이제 당연한 수순으로 받아들이고 있다. 만약 내가 결혼을 했다면, 그리고 한 가정의 가장이 된다면, 아무리 친했던 친구들이라 할지라도 내 가족이 최우선이라 점점 그들을 등한시할 수밖에 없을 것이며 결국 연락이 끊기고 말 것이다.

오히려 자신의 가정을 내팽개치고 나를 만나러 온다거나 배우자의 잔소리, 또는 육아가 너무 힘들다는 이유로 해방감을 느끼고자 여행을 가자고 권유한다면 나는 가차 없이 뿌리칠 것이다. 인간관계는 물론 중요하지만 자신의 가정을 지키는 것이 가장 중요하기 때문이다.

"어? 살아있었네?"

하지만 수십 년을 훌쩍 넘겨도 좋으니 가끔은 자신의 생사 여부를 알리는 문자나 전화 한 통 정도는 해줬으면 하는 마음이다.

▣ **불안한 미래를 보았다**

나에게는 상당히 자주 만나는 세 명의 친구들이 있다. 한 명은 지금 네 살의 아들을 둔 아빠가 되어있으며, 이 외에 두 명의 친구는 결혼을 했지만 아직 자식은 없다. 사실상 결혼을 했든 안 했든 아직까지도 꾸준히, 그리고 잘 만나고 있는 중이며 흔히 말하는 베스트 프렌드다.

"어— 친구들 만나고 있으니까 먼저 자, 우리 애기."

"애기가 누구야? 누구기에 그렇게 다정하게 전화를 받아? 불륜이야?"

"당연히 우리 집 애지, 누구긴 누구냐? 아빠 어디 갔냐고 빨리 들어오래. 평소에는 엄마만 찾으면서 이럴 때만 아빠 찾아."

"나쁜 놈, 아빠라는 사람이 인천에서 종로까지 술을 먹으러 와? 가! 빨리 가! 집 가! 여기 계산하고 가!"

다만 달라진 점이 하나 있다. 나이를 떠나서 예전에는 여행, 게임 등 가벼운 얘기가 주를 이루었다면 지금은 육아, 와이프, 부부 싸움 등 미혼인 내가 어울리기 힘든 얘기가 주를 이룬다. 하지만 고맙게도 너무 자기들만의 얘기만 하면 내가 소외된다는 걸 알기에 적당히 눈치를 보다가 직장 얘기나 여행 얘기, 취미 얘기 등으로 화제를 돌려준다.

"에휴, 우리 벌써 40이다, 언제 이렇게 나이를 먹었냐?"

처음에는 모두 미혼이었지만 어느덧 나 혼자만 미혼이 되었다. 친구들이 내게 결혼 안 하냐고 물어보면 그때그때 상황과 분위기에 맞게 내 나름의 변명을 늘어놓는다. 솔직히 말하자면 결혼할 생각은 거의 없으며, 결혼할 생각이 들 때도 있지만 나이도 있고 딱히 여자를 만날 상황이 생기지를 않으니 자연스럽게 포기 수순을 밟고 있다.

내 나이는 어느덧 40세가 되었고 이제는 주변에 결혼을 안 한 지인들을 찾는 게 더 힘들어질 정도로 모두 자기들만의 가정을 꾸려 살아가고 있다. 누구를 만나도 결혼이나 육아 얘기가 주를 이루기에 그 소외감은 더더욱 배가되는 느낌이다.

상황이 이렇다 보니 나는 이따금씩 내 미래에 대해 깊은 생각을 하고는 한다.

'혹여나 내가 평생 결혼을 하지 못하면 어떻게 될까? 내가 죽으면 내 장례식은 누가 해주지?'

이런 것들을 포함해 별의별 생각들이 계속해서 떠오른다. 물론 먼 미래의 일일 수도 있지만 당장 가까운 앞날의 이야기일 수도 있다. 결혼을 하여 자식을 둔 사람이라면 이런 걱정은 거의 없겠지만 내게는 꽤 심각한 사안임이 분명하다.

글을 쓰다 보니 다시금 미래의 암울한 생각에 잠겨버렸다. 미혼인 내가 이런 생각을 갖고 있는데 아이를 낳지 않고 결혼 생활을 즐기는

딩크족은 과연 어떤 생각을 하며 살아갈까 하는 생각도 든다.

암울한 미래를 갖고 있으며 친구들과의 술자리에서도 소외되는 미혼이지만, 친구들은 이따금씩 나를 부러워한다. 육아나 부부 싸움 등의 결혼 스트레스를 겪지 않아 그런 것도 있겠지만, 가장 부러워하는 건 자유롭다는 부분에서다.

"야, 얘들아. 우리 다 같이 해외여행 가자."

내가 이런 제안을 하면 다들 난색을 표한다. 솔직히 말하자면 장난이 약 20%이고 진심이 80%인데 말이다. 미혼이기에 가족과 약간의 상의만 거치면 난 언제든 여행을 갈 수가 있으며 한 가정을 이끌어야 하는 가장도 아니기에 금전적인 어려움을 겪지도 않는다.

"돈이 어디 있냐? 애 키우는 것도 빠듯한데 와이프가 잘도 보내주겠다."

"와이프가 허락해 주겠냐?"

"우리 집 실권자가 와이프라 힘들어."

하지만 결혼을 한 친구들은 약속이라도 한 듯 하나같이 와이프의 허가가 필요하다는 말을 한다. 사실 돈을 남편이 벌든 부인이 벌든 맞벌이든 상관없이, 결혼을 하면 부인에게 잡혀 산다는 말이 거짓말은 아닌 것 같다.

"좋겠다, 놀러 가고 싶으면 놀러 가도 되니까."

책임지고 지켜야 할 가정이 있는 친구들과 기껏해야 한 가정의 구성원 정도인 나. 아이가 있고 평생 반려자가 있는 친구들에게 당연히 이점이 더 많겠지만 '자유'라는 이 부분에서만큼은 다들 나를 부러워한다.

이게 부러워할 일이냐며 반문하고는 하지만 결혼을 한 유부남들이 한마음 한뜻으로 당연히 부럽다고 하니까 할 말이 없어진다.

결혼을 한다고 해서 자유가 없어지는 건 아니지만, 굳이 따지자면 허락을 받지 못하는 것 같았다. 돈을 벌게 되면 부부의 공동재산이기에 누구 한 사람의 바람을 이루어주기 위해 사용하지는 못하기 때문이다.

친구들이 결혼을 한 것, 그리고 내가 결혼을 하지 않은 것. 이 모든 건 결국 본인이 선택한 길이다. 훗날 내가 결혼을 하게 되면 그건 내가 선택을 한 것이며, 계속해서 혼자 살게 된다면 그 또한 내가 선택한 길이다.

누구에게나 선택의 자유가 있다. 미혼이든 기혼이든, 아이가 있든 없든 결국에는 본인 스스로가 선택을 한 것이며, 그 누구도 이에 대해 부정해서는 안 된다. 서로의 선택을 존중하며 그 길의 끝이 잘못되었다 할지라도 본인이 선택한 길이기에 누구의 탓도 하지 말고 겸허히 받아들여야 한다.

◼ 아직은 괜찮아

내 나이 40, 이 정도면 결혼은 그냥 포기다. 주변을 지나다니는 커플이나 부부를 봐도 이제는 별다른 감흥이 없다. 오히려 우리 동네에 1인 술집이나 좀 생겼으면 하는 마음이 들 정도로 솔로 생활에 익숙해져 있다.

"바닷가나 갈까?"

휴일에 집에서 뒹구는 것도 따분한 어느 날, 문득 바다를 보고 싶다는 생각이 들어 곧바로 옷을 입고 차를 몰아 바닷가로 향했다. 누군가와 상의할 필요가 없는 성인이며 회사를 다니고 있기에 고정적인 수입도 있다.

만약 부인이 있었다면 이런 즉흥적인 여행에 상당히 제약받을 것이며 아이가 있었다면 내 성격상 일단 한숨부터 나올 것 같았다.

결혼하여 하나의 가정을 이루고 있는 사람들을 보고 있자면 확실히 부럽다. 하지만 반대로 혼자서 무언가를 할 수 있는 여유 시간이 나에게는 상당히 많이 있다.

"음… 어디로 가볼까? 치안이 그나마 나은 곳으로… 물가 싼 휴양지…."

최근 결혼한 친구들에게 해외여행을 제안했지만 다들 상황이 녹록지 않다. 몇몇은 흔쾌히 동의를 해주었지만 결국 와이프라는 통곡의 벽에 막혀 무산되어 버렸다. 요즘 TV에서 인기리에 방영 중인 '독박투어'를 모티브로 하여 재미있는 우정 여행을 기대했는데 정말 아쉬웠다.

하지만 딱히 실망하지는 않는다. 어느 정도 예견한 것이었으니 말이다. 그렇다면 나 혼자 가면 될 일이다.

"답은 동남아로 정해져 있는 건가…. 그래, 여기가 좋겠다!"

혼자서 해외여행을 가는 건 상당히 두렵지만 그 나름 기대도 된다. 누군가와 같이 가게 된다면 반드시 이견이 생겨 다툼이 벌어지는데 혼자 가는 여행에 그런 건 없기 때문이다. 비록 상당히 심심하겠지만 미혼이니만큼 말 그대로 자유를 만끽하는 여행을 해보려 한다.

02 — 김지수

작가 소개

1995년 서울에서 태어나 줄곧 자랐다. '사람은 기본적으로 다른 사람에게 친절해야 한다'는 신념을 갖고 살아가고 있다. 가끔 삶이 피곤하다고 생각되는 순간이 있지만 그럴 때일수록 주변 사람들에게 더욱 감사함을 느낀다.

작가 노트

저에게 '가족'에 대해 논한다는 것은 사실 매우 조심스러운 일입니다. 불행한 가정은 저마다의 이유가 있다는 '안나 카레니나'의 첫 문장처럼, 세상에는 정말 다양한 형태의 가족이 존재하니까요.

하지만 그 형태가 다르더라도, 가족들이 공유하는 무언의 가치는 모두가 어느 정도는 느낄 수 있으리라 생각합니다. 이 책을 읽는 분들이 그 가치를 다시 한번 생각해 보는 계기가 되었으면 하는 마음으로 글을 썼습니다.

비록 짧은 글이지만, 읽는 동안만큼은 따뜻한 시간이 되시기를 바랍니다.

가족

◼ 글을 쓰며

가족이란 대체 무엇일까?

내게 가족이란 개념은 마치 실체 없는 안개와 같다. 태어났을 때 자연스럽게 어떤 가족의 구성원이 되어있었지만, 정작 '가족이란 무엇일까'라는 질문을 깊이 고민해 본 적은 거의 없다. 그저 주어진 현실처럼 받아들여 왔기에, 오히려 그 의미가 더 막연하게 느껴진다.

이따금 추억에 잠기어 감성에 젖기도 하지만, 가족과 함께한 기억은 그리 선명하지 않아 자세히 떠오르지 않는다. 마치 어렴풋이 떠오르는 노래의 멜로디는 맴도는데, 제목이나 가사는 기억나지 않는 것처럼 말이다.

돌이켜 보면, 머릿속 한편에 분명 나에게 영향을 준 기억들이 자리 잡고 있을 텐데, 막상 그것을 들여다보려 하면 언제나 처음부터 아무것도 없었던 것처럼 사라져 버린다. 사실 이런 기억의 공백은 자연스러운 망각일지도 모른다. 현재의 삶이 바빠 과거를 깊이 돌아볼 여유가 없었기 때문에 무의식중에 점점 흐릿해졌을 수도 있다. 어쩌면 현실의 바쁨 속에서 괜히 미루고 있는 감정이기도 할 것이다.

사실 다른 사람에게 가족 이야기를 털어놓는 것은 항상 조심스러운 일이다. 어떤 사람은 내가 가족에 대한 이야기를 하지 않는 것을 단순히 사적인 내용을 공유하고 싶지 않다는 의미로 받아들일 수도 있을 것이다. 물론, 이러한 해석도 틀린 것은 아니지만, 그 이면에는 더 복잡한 감정과 이유가 존재한다. 사람은 각기 다른 환경에서 성장하며, 그에 따라 경험하는 감정과 가족관계 역시 매우 다채롭다. 그래서 내가 겪은 가족에 대한 경험을 타인에게 전하는 것이 자칫 오해를 불러일으키거나, 그 사람의 배경에 비추어 부적절하게 받아들여질 가능성을 자주 생각하게 된다.

특히, 다양한 사람을 마주하며 그들과 이야기를 나누는 과정에서 내가 가족에 대해 당연하게 받아들였던 것이 누군가에게는 전혀 다른 의미로 다가갈 수 있음을 알고 있기 때문이다.

그러나 그러한 어려움에도 불구하고, 가족 이야기를 나누는 것이 꼭 부정적인 결과로 이어지지는 않는다. 오히려 신중하게 이야기를 나누고 서로의 경험을 이해하려는 진심이 전달될 때, 예상치 못한 유대감이 생기기도 한다. 특히나 가족이라는 주제는 그만큼 우리의 삶에 큰 영향을 미치는 부분이기에, 상대의 경험에서 위로를 받거나 자신의 상황과 비교하여 새로운 시각을 얻게 되는 경우도 많다.

또 가끔은 내가 꺼낸 가족 이야기가 상대방에게 큰 힘이 될 때도 있다. 나의 경험 속에서 상대방이 자신과 비슷한 감정을 발견하고, 그 속에서 서로를 이해하는 순간이 찾아오는 것이다. 그럴 때는 이야기를 꺼렸던 마음이 풀리고 오히려 깊은 대화를 이어갈 수 있게 된다.

이러한 이유로 나는 서툴지만 조심스럽게 글을 써본다. 가끔은 부담스러울 때도 있지만, 그 속에서 얻을 수 있는 공감과 위로의 힘을 알기에, 그 감정을 소중하게 여겼을 때 느낄 수 있는 무한한 기쁨을 감사하게 생각한다. 내가 쓴 글이 누군가에게 작은 위안이 되거나 새로운 시각을 제공하기를 바라는 마음으로 조심스럽게 한 자씩 적어나간다.

▪ 가족의 개념

흔히들 말하는 가족이란 개념은 어떤 것을 말하는 걸까?

우선 생물학적 관점에서 보면, 부모로부터 유전자를 이어받아 태어난 자식들은 자연스럽게 서로를 하나의 커뮤니티로 인식하기에 가족이라 부를 수 있다. 이는 가장 기본적이고, 자연스러운 가족의 형태로 여겨진다. 한편, 삶의 과정에서 새로운 사람을 만나 사랑을 키워가며 함께 살아가기로 결정한 남녀도 부부라는 새로운 가족의 형태를 탄생시킨다. 또한 위의 경우만도 아니라 종교 등의 공통된 신념으로 모인 사람들도 가족과 유사한 관계를 형성시키고는 한다. 이들은 서로의 삶을 공유하고 유대감을 느끼며, 때론 피를 나눈 가족보다 더 깊은 정을 나누는 경우도 있다.

위처럼 가족의 형태는 다양하게 존재하나 가족으로 여긴다는 것은 유대감을 가지고 서로를 의지하고 믿음을 주고받는 관계라는 공통점이 있다.

그러나 가족이라는 관계가 항상 긍정적인 경우만 있는 것도 아니다. 예를 들어 생물학적으로 같은 유전자를 공유하지만 서로 간의 이해관계가 맞지 않아 관계가 소원해진 부모와 자식 사이, 혹은 결혼 생활 중 발생한 갈등으로 이혼하는 부부 등 이들을 가족이라 여길 수 있는지는 의문이 생기는 부분이다.

이처럼 가족이란 관계는 영원하거나 불변하지 않고 상황과 환경에 따라 그 의미가 변할 수 있고 심지어 서로에게 상처를 주는 관계로 전

환될 수도 있다.

이러한 경우 혈연이나 법적인 관계를 넘어 가족이라는 단어가 가지는 진정한 의미를 과연 설명할 수 있을까? 가족의 의미를 이해하기 위해서는 형태가 아닌 무엇이 가족이라는 관계를 유지하게 만드는지를 먼저 고민해 볼 필요가 있다고 생각한다.

어릴 때 나는 가족이라는 존재를 특별하게 생각해 본 적이 없었다. 하지만 돌이켜 보면, 가족이라는 개념에서 물리적인 거리나 생물학적 관계는 그리 중요한 요소가 아니라고 느낀다. 오히려 중요한 것은 서로를 얼마나 신뢰하고 진심으로 가족으로 여기는가에 달려있다고 생각한다. 그 믿음이야말로 가족을 정의하는 가장 중요한 요소가 아닐까.

지금 당장 가족이라 부를 사람이 없더라도, 시간이 지나 신뢰할 수 있는 사람이 생긴다면 그 또한 새로운 가족이 생긴 것이라 볼 수 있을 것이다.

◼ 가족에 대한 편견

어느 날, 우연히 유튜브를 통해 본 프로그램에서 매우 흥미로운 실험을 보았다. 실험에서는 동양과 서양 학생들이 각각 자기소개를 하는 방식을 비교 분석했는데, 두 문화 간에 확연히 다른 차이가 있었다. 동양 학생들은 대부분 자신의 가족 관계에 대해 세심하게 설명한 반면, 서양 학생들은 자신의 취미나 선호하는 것들에 대해 주로 언급하였다. 또한 가족을 호칭하는 방식에서도 차이점이 있었다. 한국에서는 가족 구성원을 소개할 때 '우리 엄마', '우리 아빠' 등 '우리'라는 표현을 사용하는 반면, 서양에서는 'MY'와 같은 소유격을 사용하여 나타냈다. 이러한 차이를 보면 한국 문화에서는 개인도 중요하지만 가족이라는 집단이 가지는 가치를 알 수 있다. 더 나아가 한국에서는 친가와 외가를 구분하는 호칭도 다르며, 결혼 후에는 배우자의 가족 구성원 내의 위치에 따라 새로운 호칭이 추가되기도 한다.

 물론 현대 사회에서 개성과 자기표현의 중요성이 점점 강조되고 있기 때문에 이러한 전통적인 가치관이 점점 변하고 있는 점도 부인할 수 없는 사실이다. 그러나 여전히 한국에서는 가족이 개인을 설명하고 이해하는 데 있어 중요한 역할을 한다는 사실에 대부분의 사람들이 공감할 것이다.

 나는 여기서 의문을 가지게 되었다. 왜 우리는 가족 구성에 따라 나를 판단하는 경향이 있을까? 은연중에 사람들은 이런 생각을 해본 적이 있지 않을까? 결단을 잘하고 듬직한 리더십이 있는 사람을 보면 왠지 동생보다는 맏이일 것 같고, 자기보다 나이 많은 사람의 눈치를 잘 살피거나 그러한 행동이 익숙하다면 막내일 가능성이 크다고 추측하는 일처럼 말이다.

    중요한 건, 이러한 관념이 때로는 개인의 정체성을 오해하게 만든다는 것이다. 한국에서는 사람을 둘러싼 관계를 보고 그 사람을 정의하고 바라보는 시선이 변하는 경우가 종종 있다. 사람은 변하지 않고 그대로인데, 참 아이러니한 일이다.

    한때 정말 좋아했던, 강의를 참 재미있게 잘하시는 교수님이 계셨다. 그분의 이름을 인터넷에 검색하면 강의 영상이 수두룩하게 나올 정도로 인기가 많았고, 댓글들도 하나같이 긍정적인 반응으로 가득했다. 나도 그분의 강의를 자주 들었고, 아마 이름을 들으면 많은 사람들이 한 번쯤 들어봤거나 영상을 본 적이 있을 것이다.

    어느 날, 눈에 띄는 영상 하나가 있었다. 제목은 "이혼하지 않고 평생 살아갈 수 있는 사람을 구분하는 방법"이었다. 사실 이혼은 보편적으로 큰 상처로 남는 일이기 때문에 결혼하기 전에 이혼을 생각하는 사람은 많지 않을 것이라고 생각했다. 물론 모든 경우가 그렇진 않겠지만, 대부분의 사람에게는 이런 경험이 그렇지 않은 사람보다 더 깊은 상처를 남기기 마련이다.

    평소처럼 영상을 보면서 댓글도 함께 읽었는데, 생각보다 뜨거운 논쟁이 벌어지고 있었다. 특히 '이혼한 가정에서 자란 자녀도 이혼할 확률이 높다'는 내용이 주된 쟁점이었다. 많은 댓글들이 '가정환경과 부모의 모습을 보면 그 사람이 나중에 가정을 꾸렸을 때 어떤 모습일지 알 수 있다'는 주장을 근거로 삼고 있었다. 가족의 구성이 생각보다 많은 사람들에게 판단의 기준이 되고 있다는 사실을 깨닫게 되었다. 또한 많은 사람들이 이런 생각을 하고 있다는 것도 알게 되었다.

눈에 띄는 댓글들 중에는 나와 같은 생각을 가진 몇몇 사람들도 있었지만, 그 댓글들마저 반박하는 의견들이 많았다. 한참을 망설이며 나도 무언가 글을 남겨볼까, 아니면 적어도 '좋아요'라도 눌러 내 생각을 조금이나마 표현해 볼까 고민했지만 결국 창을 닫아버렸다.

세상에는 수없이 많은 생각들이 존재한다. 그 생각들이 개인의 경험이나 가치관에 따라 다를 수 있다는 것은 매우 자연스러운 것이다. 하지만 편견이 가족을 이루는 개인의 가능성을 제한하는 일은 참으로 안타까운 일이다. 사람은 각자의 배경과 가치관에 따라 다르게 생각할 수 있으며, 그러한 다양성이 세상을 더 풍요롭게 만든다고 믿는다. 따라서 의견이 다르다고 상대방을 비난하기보다는 서로의 입장을 이해하고 존중하는 것이 더 중요하다고 생각한다.

▣ 가족의 필요성

가족은 정말로 필요한 존재일까?

내 대답은 우선 '그렇다'이다. 기본적으로 사람은 혼자 살 수 없는 존재다. 아무리 내가 잘하는 것이 있어도 모든 분야에서 완벽할 수 없기 때문에, 살아가는 동안 다른 사람을 통해 부족한 부분을 배우고 채워가는 과정이 필요하다고 생각한다. 그것이 물질적인 도움이든, 감정적인 위로든 이는 모든 관계에서 마찬가지다. 가족은 우리가 살면서 처음으로 맺는 관계로, 이러한 과정에서 중요한 역할을 담당한다.

물론, 이런 얘기를 하면 다음과 같은 반대 의견이 나올 수도 있다. "혼자 살아도 충분하다고 생각하는데요?" 또는 "가족이 오히려 내 삶을 얽매는 존재라면요?"라는 질문을 할지도 모른다. 그런 생각을 하고 있다면, 다시 한번 깊이 생각해 보기를 바란다. 가족은 단지 물리적인 존재가 아니라, 우리의 정체성을 형성하는 중요한 근거이다. 혼자 사는 것 이상의 가치를 주는 존재이기 때문에 우리는 그들을 가족이라 부를 수 있는 것이다. 만약 가족이 삶을 얽매는 존재라면 그들이 정말로 가족이라 할 수 있을지 되짚어 볼 필요가 있다.

나는 기본적으로 사람들과 친해지는 것을 좋아하고, 다양한 사람들과 이야기를 나누다 보니 흔히들 친구가 많고 발이 넓다는 얘기를 자주 듣는다. 낯선 사람과도 금세 대화를 나눌 수 있고, 다양한 배경을 가진 사람들과도 쉽게 어울릴 수 있다. 그래서 주변 사람들은 나를 사교성이 뛰어난 사람으로 생각하고, 그런 면에서 나를 부러워하기도 한다.

하지만 그런 나도 만나는 모든 사람을 전부 좋아하고 친구가 되는 것은 아니다. 어느 정도 편하고 부담 없이 만나는 친구는 살아가면서 만나는 사람 100명 중 1명이고, 내 속마음을 터놓고 이야기할 수 있는 사람은 1,000명 중 1명이라고 생각한다.

진정한 속마음을 털어놓는다는 것은 그만큼 상대방을 신뢰하고 나의 약점을 드러내는 것을 두려워하지 않는다는 뜻이다. 나의 가장 깊은 생각과 감정을 나누는 사람은 인생에서 아주 소중한 존재다. 더 나아가서, 진정 내가 가족이라 부를 수 있는 사람은 대한민국을 통틀어 1천만 명 중 1명이 있을까 말까 한 확률이라고 생각한다.

이런 사람은 단순한 친구 이상의 존재다. 나의 모든 것을 이해하고, 어떤 상황에서도 내 편이 되어줄 수 있는 사람, 말 그대로 나의 가족이라고 느껴지는 사람은 인생에서 거의 찾아보기 힘들다. 그들은 나의 힘든 순간에 가장 먼저 떠오르는 존재이며, 진정으로 함께하고 싶은 사람들이다.

가족이라는 존재는 단순히 혈연을 넘어서서, 내 삶의 근간이 되고 정서적인 버팀목이 되는, 삶의 어려움 속에서 가족은 흔들림이 없는 버팀목이 되어주며, 그들이 있기에 더 큰 용기를 가지고 앞으로 나아갈 수 있다.

주변을 둘러보면 나이가 들면서 각자의 인생을 살아가고 서로 떨어져 사는 가족들끼리 오히려 더 친해졌다는 이야기를 종종 듣게 된다. 아마도 힘든 시기를 겪는 동안 자신에게 든든한 내 편이 있다는 사실을 무의식적으로 깨닫게 되는 것이 아닐까 생각한다. 가족은 때로 멀리 떨어져 있어도 마음으로 연결되어 있다는 점에서, 세월이 지나며 더욱 가치가 커지는 관계이다.

올해 중순에 가족과 함께 제주도 여행을 다녀왔었다. 처음 여행을 계획할 때는 별다른 기대도 없었고, 그냥 그런가 보다 했는데, 막상 여행이 끝나고 나니 생각보다 정말 재미있었다는 생각이 들었다. 평소에는 많은 대화를 나누지 않더라도, 함께 있는 그 순간만큼은 부담 없이 믿을 수 있는 사람들과 시간을 보내는 것이 얼마나 편안하고 좋은지 느낄 수 있었다. 아마 다음에 또 여행을 가게 된다면, 이번엔 해외로 한번 가보지 않을까 싶다.

▣ 가족을 유지하는 법

이러한 가족을 유지하는 것은 생각만큼 쉬운 일이 아니다. 인간관계는 복잡하기에 서로를 이해하는 과정이 필요하기 때문이다.

우선 가장 먼저 필요한 것은 신뢰이다. 나는 내 가족이 나한테 해가 될 말과 행동을 하지 않는다는 절대적인 신뢰가 있다. 그런 신뢰가 있기에 상대가 무슨 말이나 행동을 해도 속상하게 느껴지지 않는다.

그다음 두 번째는 시간이다. 물론 오랜 시간을 같이 보낸다고 무조건 항상 가족을 하나로 묶어주지는 않는다. 오히려 시간이 지나면 서로 간의 거리가 멀어질 때도 많다. 함께 보내는 시간은 중요하지만, 그 시간 안에서 진정으로 서로를 이해하지 못한다면 의미가 없다. 다만 어려운 순간을 견디고 함께 이겨내는 시간이 지나간다면 이것이야말로 가족을 유지하는 중요한 과정 중 하나라고 볼 수 있다.

마지막은 무조건적인 사랑과 배려이다. 가족이라는 울타리가 역설적으로 그 안의 구성원들을 지치게 만들 수 있다. 사랑과 배려도 당연하지 않으며, 꾸준히 의식적인 노력이 필요하다. 그럼에도 불구하고, 힘든 순간에 서로를 떠받쳐 주고 지탱해 주는 것은 오직 가족만이 할 수 있는 일이다. 가족을 만든다는 것, 그리고 그 관계를 유지하는 것은 결코 밝고 따뜻하기만 한 과정은 아니다. 그 안에는 고통과 갈등,

때로는 포기하고 싶을 만큼의 어려움이 존재한다. 하지만 그런 과정을 함께 이겨낸다면 비로소 진정한 가족이라 부를 수 있게 된다.

▣ 글을 맺으며

세상에는 다양한 사람들과 여러 형태의 가족들이 있다. 가족이라는 단어만 들어도 마음 한편이 따뜻해지는 사람이 있는가 하면, 가슴이 답답해지고 떨리는 사람도 있을 수 있다. 때로는 가까이 있지만 마음은 멀리 떨어진 관계가 존재하고, 물리적으로는 멀리 떨어져 있지만 정신적으로는 가깝게 있는 관계도 있다. 다양한 형태의 가족들이 존재하는 만큼 그들 사이의 관계 역시 단순하지 않다.

하지만 한 가지 확실한 것은 어떤 인간관계이든 그 선택은 결국 나에게 달려있다는 것이다. 우리는 우리가 원하지 않는 관계를 유지할 필요도 없고, 또 우리가 소중히 여기는 관계를 놓치고 싶지 않다면 그것을 붙잡기 위한 노력을 기울여야 한다.

이 점에서 흔히 '시절 인연'이라는 말이 떠오른다. 시절 인연이란, 잠깐 알게 되어 한창 재미있게 관계를 유지하다가 시간이 흐르면서 자연스럽게 잊히고 멀어지는 인연을 의미한다. 그 인연이 좋고 나쁨을 떠나, 그런 인연이 자연스레 멀어져 가는 것을 막으려면 그에 상응

하는 시간과 에너지를 쏟아야 한다는 것이다. 그리고 그런 노력이 필요하다는 점에서는 가족도 예외는 아니다.

우리는 보통 가족이라면 당연히 가까운 사이라고 생각한다. 피가 이어져 있거나 오랜 시간 함께한 경험들이 우리를 묶어주기에 더 특별한 관계라고 여긴다. 하지만 그럼에도 불구하고 가족이라는 이름 아래에서조차 서로를 이해하고 배려하는 노력은 끊임없이 필요하다. 가족이기에 오히려 더 쉽게 상처를 줄 수 있고, 더 깊이 상처를 받을 수 있기 때문이다. 서로의 기대와 책임이 크기 때문에 우리는 때때로 가족에게 가장 많은 실망을 하기도 한다. 그렇기에 가족 간에도 지속적인 소통과 이해, 그리고 꾸준한 노력이 필수적이다.

결국 가족이란 피로 맺어진 관계 이상으로 서로를 진심으로 아끼고 사랑할 수 있는 존재들이며, 그 관계는 지속적인 노력과 헌신을 통해 더욱 견고해진다. 우리는 언제나 가족이라는 이름 아래 함께할 것이며, 그들이 곁에 있다는 사실만으로도 우리는 한결 더 따뜻한 삶을 살아갈 수 있다.

물론 내가 모르는 다른 경우와 의견들이 있을 수 있겠지만, 한 가지 확실한 것은, 힘들 때 내게 힘이 되어주고 기쁠 때 함께 웃어줄 수 있는 사람들이야말로 진정한 가족이라는 점이다. 그런 사람들이 인생에 있다는 것은 축복이고, 그들과 함께 살아가는 것은 삶의 중요한 부분 중 하나라고 할 수 있다. 가족의 형태는 여러 가지일 수 있으며, 앞으로도 변화할 수 있다. 하지만 그 관계가 주는 의미와 가치는 변하지 않을 것이다. 그렇기에 나는 내 가족에게 최선을 다할 것이다. 지금 이 순간, 그리고 앞으로도.

03 —— 박성호

작가 소개

1995년 10월 21일생이며 경기도 성남에서 태어나 사당동을 거쳐 현재는 왕십리에서 살고 있습니다.

작가 노트

나에게 가족이란 어떤 존재인지, 가족에게 나라는 사람은 어떤 존재인지 생각하며 글을 쓰게 되었습니다. 제 글을 읽고 '가족들은 나에게 어떤 영향을 줬는지' 생각해 볼 수 있게 된다면 좋겠습니다.

마음의 모양

나는 사회의 일부분을 차지하고 있는 구성원이다. 누군가는 학생이 되어 학교에서 공부를 하고 누군가는 취업하여 각자의 일터에서 일을 한다.

이 구성원들이 모여있는 사회를 큰 도형으로 놓고 사회의 구성원은 각자 다르게 생긴 모양의 작은 도형이라고 생각하며 그림을 그려보자.

이 틀에서 빠져나오거나 여백이 있는 사람들은 자기와 반대의 사람들과 모양이 맞지 않아 갈등이 생길 수도 있고 모양이 서로 잘 맞아 잘 지낼 수도 있다. 하지만 우리들은 처음부터 마음의 모양이 모두 다르지는 않았을 것이다. 누구나 처음 마음의 모양은 거의 동일할 것이다. 하지만 그 모양은 어떠한 영향을 받으면 매우 쉽게 모양이 변형될 수 있게끔 형성되어 있다고 생각한다.

그렇다면 이 마음의 모양이 어떻게 생겨나고 만들어지는 것일까?

사람들이 태어나서 처음으로 마주하는 그룹이 있다. 바로 가족이다. 그들은 어릴 때 가장 먼저 부모로부터 세상의 규칙이나 타인을 대할 때의 행동 등을 배운다.

또한 "자식은 부모를 비추는 거울이다."라는 말이 있듯이 아이들이 자라면서 마음의 모양은 부모님을 따라서 처음으로 모양이 형성되며 가장 큰 영향을 받는다.

한 예로 나는 어릴 때 굉장히 사소한 일로 잘 삐지는 성격이었다. 하지만 부모님께서는 그런 사소한 일로 삐지면 앞으로 인간관계를 맺을 때 힘든 점이 있을 거라고 말해주신 적이 있다. 당시에는 쉽게 고쳐지지 않았지만 학교나 사회에서 친구들과 관계를 쌓으면서 부모님이 말씀해 주신 것이 계속 떠올랐고 내 성격에 대하여 다시 생각해보게 되었고 고쳐보려고 했다.

이런 과정 역시 부모님의 마음의 모양 일부와 나의 마음의 모양 일부가 맞춰져 가는 과정이라고 생각한다.

부모는 가르침을 통해 자식들이 사회에 엇나가지 않게 통상적으로 사회에서는 하면 안 되는 일, 해야 하는 일을 구분하여 알려주며 마음의 모양을 만들어나간다.

　마음을 맞추어나가는 방법은 일방적으로 알려주기만 하는 것이 아닌, 서로 의견을 부딪쳐 가면서 의견을 과정도 있다고 생각한다.
　이때는 형제자매가 될 수 있고, 사촌 간에도 일어날 수 있다.

　부모와 같은 어른들의 경우에는 대부분의 가르침이 정답에 가깝다고 생각한다.
　하지만 또래와 지낼 때는 서로 가르치는 것이 아닌 서로 생각이 달라 서로의 의견이 정답일 수 있고 서로의 의견이 오답일 수 있다.

　서로의 의견들이 정답인지 아닌지는 중요하지 않다.

　나의 의견이 정답이라고 느껴진다면 나의 생각을 이해시킬 수 있는 말과 태도를 통해 상대방을 납득시켜야만 한다. 그것을 가장 먼저 느끼게 되는 것이 가족 중 형제자매이다.

　형제자매는 부모님 다음으로 가장 많은 시간을 보내는 가족이다. 그 가족은 형제냐 남매냐 자매냐에 따라서 지내는 방식이 조금씩 다를 수 있다. 하지만 부모님 다음으로 많은 시간을 공유하는 만큼 잦은 다툼과 충돌이 있을 수 있다. 나의 경우에는 여동생과 같이 지냈다. 엄청 어릴 때는 서로 잘 지냈지만 조금씩 커가면서 잦은 다툼이 있었다.

같이 많은 시간을 보내는 남매는 같이 지낼 때는 서로 의지하며 지내기도 하지만 같이 지내면 지낼수록 서로 생각이 성숙해지며 같은 환경에서 지냈음에도 서로의 행동과 언행들이 마음에 들지 않은 부분들이 생기고 그것을 지적하게 되며 자주 싸우게 된다.

작은 걸로는 간식을 가지고 싸우거나 청소를 가지고도 싸우곤 했다. 지금 생각하면 정말 별일 아니지만 비슷한 나이대라서 서로 이해하지 못하여 싸우는 면이 있던 것 같다.

나도 동생과 서로 맞지 않은 부분에 대하여 싸우게 됐고 그 싸우는 과정들을 통하여 서로 맞지 않는 부분들을 부모님의 중재하에 이해하게 되었다. 물론 그 당시에는 바로 이해하지 못하겠지만, 시간이 지날수록 점점 이해할 수 있다. 이로 인하여 비슷한 나이의 또래와 지낼 때는 이런 부분들을 피해야 하고 조심해야 하거나 서로 이해시킬 수 있게 말해줘야 한다는 것을 생각하게 된다.

그리고 나는 동네 친구들도 자주 봤지만 사촌들과도 자주 봤다. 사촌 중에서도 내 또래의 사촌 동생 혹은 형들이 많아서 자주 왕래하며 지내기도 했다. 사촌들의 경우에는 동생보다는 같이 지내는 시간이 적으므로 더욱더 성격이나 행동 혹은 말하는 것들이 맞지 않을 수 있다.

나는 학교를 다닐 때 사이좋은 친구들이 있는 반면, 사이가 나쁜 친구들도 있었다. 초등학교 1학년 때 사당동에서 학교를 다녔었고 2학년 때 왕십리로 이사 가서 전학을 가게 되었는데 학교에 새로 전학 온 나를 환영해 주는 친구들이 있던 반면 나를 괴롭히는 친구들도 있었다.

   지금 생각해 보면 그때 날 괴롭혔던 애들은 장난삼아 나를 괴롭혔 겠지만 그 당시에 나는 굉장히 괴로웠다. 멀리서 전학 온 나는 주변에 친구들도 없을뿐더러 사교성이 좋지도 않은 사람이었다. 그때 나를 도와준 친구가 있었는데 그 친구는 나를 괴롭히던 아이들에게 괴롭히지 말라고 해주었다. 나는 그 친구와 마음이 잘 맞아 친하게 되었는데 알고 보니 이사 온 집 뒷집에 사는 친구여서 동네 친구 겸 학교 친구가 되어 제일 친하게 지내게 되었다.

   지금은 여러 사람들과 두루두루 친하게 지낼 수 있는 성향을 가지게 되었지만 어릴 때는 그렇게 행동하는 게 쉽지 않았다. 어릴 때는 낯선 사람과 대화하는 것도 서툴렀고 심지어는 사촌 형제와의 대화도 잘 하지 못했었다. 이때는 마음이 굉장히 연약했다고 생각하는데 이런 성격이 바뀐 계기가 3가지 있었다.

   첫 번째는 운동이었다. 초등학교 3학년 때 학교에 씨름부가 있어 씨름을 하게 되었는데 이때 성격이 조금씩 바뀌기 시작했다. 씨름 자체를 좋아하지는 않았지만 친구들과 같이 운동을 하면서 성격이 조금씩 밝아지기 시작했고 체력도 조금씩 단련되어 가면서 자신감이 생겼다.

두 번째는 고등학교 때 축제에서 노래를 불렀을 때였다. 고등학교 때도 나서서 무언가 하는 걸 별로 좋아하지 않았는데 친구들의 권유로 같이 축제에서 노래를 하게 되었다. 그 당시에 학교가 끝나면 친한 친구들과 같이 노래방을 자주 갔는데, 노래를 잘 부르지는 않았지만 추억 삼아 친구들과 같이 축제에 나가서 노래를 부르게 되었다. 학교 축제 무대에 올랐을 때 엄청나게 떨렸다. 하지만 노래를 끝내고 나니 굉장히 별거 없었다고 추억한다. 그 이후로 앞으로 나서서 무언가를 하게 될 때 별거 없다고 생각하니 성격이 조금 더 긍정적으로 변화하였다.

세 번째는 군대였다. 군대에 가기 전에는 굉장히 무서운 느낌이 들고 막막하기만 했다. 낯선 사람과 같이 지내야 했다. 그 낯선 사람이 나와 잘 맞는 사람일 수도 있지만 나와는 맞지 않는 사람일 수도 있다. 하지만 맞지 않는다고 해서 같이 안 지낼 수도 없는 노릇이니 잘 안 맞는 사람이라도 같이 잘 지낼 수 있도록 노력해 보자 해서 성격이 굉장히 외향적으로 바뀌었다고 생각한다.

나의 성격이 형성된 계기는 위와 같이 크게 세 가지다. 사소한 계기일 수도 있지만 그로 인해 나의 성격은 많은 변화를 얻게 되었다.

지금의 나는 하드웨어 엔지니어지만 어렸을 때는 다양한 꿈이 있었다. 다양한 꿈을 가지게 된 계기는 주변 사람의 영향이 많았다.

나의 첫 번째 꿈은 경찰이었다. 초등학생 때의 꿈이었는데, 경찰이 너무나 멋있어 보였고 경찰의 날이 나의 생일이었기 때문에 막연하게 되고 싶다고 생각했었다.

두 번째 꿈은 역사학자였다. 나는 책 읽는 것을 매우 좋아했다. 집에는 많은 위인전들이 있었는데 한 60권 정도 되었고 그것을 모두 읽었다. 학교를 마치면 도서관에서 책을 빌려 돌아가는 길에도 책을 읽었었는데 가장 좋아했던 책은 《삼국지》였다. 삼국지를 좋아하는 친구들과 삼국지에 대한 얘기를 하면서 친해지기도 하면서 더욱 좋아했었다. 그리고 어렸을 때 읽은 위인전 덕분에 학교 국사 수업 내용을 이해하기 쉬워서 국사를 매우 좋아했다.

세 번째 꿈은 프로그래머였다. 나는 나와 10살 차이가 나는 사촌 형이 있었는데 그 사촌 형 집을 가면 컴퓨터 게임뿐만 아니라 컴퓨터로 할 수 있는 다양한 것이 있다고 알려주었다. 어렸을 때는 사촌 형이 단순히 컴퓨터를 잘하는 형이라고 생각했는데, 프로그래머 지망생이었고 그 꿈을 위해 이것저것 준비하고 노력하고 있었다. 사촌 형이 그 꿈을 이뤄서 일본으로 취업한 게 너무나 멋져 보여서 나도 되고 싶다는 생각이 들었다. 그래서 고등학교에 진학할 때부터 특성화고에 가서 프로그래머를 하기 위해 준비를 하자고 입학을 준비했다.

네 번째 꿈은 보안 전문가였다. 중고등학생일 때는 프로그래머에 어떤 종류가 있는지도 잘 몰랐고 어떤 쪽으로 갈지 잘 몰랐었다. 그런데 그 당시 TV에서 〈유령〉이라는 드라마를 우연히 보게 됐다. 그 드라마는 해커에 대한 드라마였는데 해킹 피해를 입은 피해자를 돕고 해커를 잡기 위해 노력하는 경찰이 멋져 보였다. 그리고 예전 꿈이 경찰이었기 때문에 더욱더 되고 싶었던 것 같다. 그래서 대학에 가서 보안 전문가가 되기 위해서 어떤 것을 공부해야 하는지 찾아보고 공부하였다.

예전에 되고 싶었던 직업과는 다르지만 현재 하는 일도 적성에 맞다고 생각한다. 처음에는 하드웨어 전문가가 되겠다는 꿈을 가진 적이 없어서 잘 모르는 분야였다. 공부할 것도 굉장히 많았고 아는 것보다 모르는 부분이 더욱 많았다. 지금은 많이 이 분야에 접하기도 하고 공부도 하다 보니 지금에 와서는 적성에 맞다고 생각한다. 그리고 성격이 내향적이었다가 외향적으로 바뀌게 되면서 좀 더 적응이 잘되었던 것 같다.

미래에는 어떨까? 언젠가는 나의 부모님 곁을 떠나 부모님과 동생이 아닌 평생을 함께할 동반자가 생길 수 있다. 동반자와 함께 살다 보면 나의 자식들도 생기게 될 것이다. 동반자에게는 나와 같이 살기 전부터 가치관이 형성되어 있으니 서로 잘 맞춰나가기 위해 많은 노력이 필요할 것이다.

 자식들은 나의 부모님이 나에게 알려주셨듯, 내가 경험하고 좋지 않았던 결과가 있을 때는 그것이 옳지 않다고 알려주어야 할 것이다. 나의 자식들도 내가 그랬던 것처럼 부모님에 의해 만들어진 모양들이 자식들이 자라면서 만난 사람들로 인해서 조금씩 바뀌어 나갈 것이다.

 나도 그러했던 것처럼 마음의 모양이 바뀌어 나가는 것은 결코 나쁜 일이 아니지만 잘못된 방향으로 바뀔 수도 있으니 그것을 교정해 주는 일 또한 나의 역할일 것이다.

 그렇다면 나의 자식들은 내가 경험해서 나쁜 결과가 있을 일이 되풀이되지 않을 것이라는 작은 소망도 가져본다.

 이렇듯 나는 여러 사람들과 관계를 맺으며 다양한 모양의 마음들과 서로 교류하며 서로 충돌도 겪고 어떻게 모양을 맞춰가면 좋을지 경험을 해보았다.

 사람들과 교류하며 부모님에게 가르침받았던 가치관과 주변 사람들에 의해 마음을 맞춰가며 가졌던 생각들이 합쳐져 나의 가치관이 형성되어 나라는 사람이 되지 않았나 싶다.

다양한 사람들과 교류하는 것은 어려울 수 있고 괴로운 순간도 있을 수 있다.

하지만 그 어려운 순간과 괴로운 순간들을 이겨내고 나면 그 경험을 토대로 이후에 비슷한 순간이 와도 더욱더 좋은 관계를 형성하거나 잘 대처할 수 있을 거라고 믿는다.

또한 가족은 마치 마음에 그려진 따스한 모양과 같다.
그 모양은 늘 완벽한 원이 아니고, 때론 울퉁불퉁하거나 흐릿해 보이기도 한다. 가족 간에도 서로 모양이 다르니 가족들과도 사소한 다툼부터 시작하여 큰 다툼까지 벌어질 수 있다. 하지만 그 마음 안에는 서로를 감싸주는 사랑과 그땐 그랬지 하면서 추억할 수 있다.

가족은 나에게로 다가와서 그 중심에 뿌리를 내리고 있는 존재들이다. 그들이 얽히고 난 후의 내 마음의 모양은 단순하고 모나지 않은 모양이 될 수도 있지만 많은 굴곡이 있는 모양이 될 수도 있다.

다양한 사람들과 만나면서 많은 선이 겹치게 되며 그 굴곡진 마음의 모양이 완만해질 수도 있지만, 나의 마음의 모양은 결국 나를 지탱해 주는 가족들이 만들어주었다. 그래서 내 마음의 모양은 원형을 이루고 있다.

　나는 이 마음의 모양의 원형을 이루게 해준 가족들이 있음을 항상 상기시킬 필요가 있다고 생각한다.

　왜냐하면 나는 내가 올바른 생각을 가지고 있는지 확인할 수 있는 방법이 없었는데 그 기준을 잡아준 것이 바로 마음의 모양의 원형이기 때문이다. 그래서 그 기준을 벗어나지 않는다면 나는 꽤 괜찮은 사람이 될 수 있다고 생각할 수 있다.

　그런 자신감을 갖게 해주는 것도, 내가 잘할 수 있다고 믿어주는 것도 모두 가족이기 때문이다. 그런 가족들을 나는 너무 소중하게 생각하고 사랑한다. 그리고 나의 자식과 나의 동반자에게 그런 마음을 똑같이 나눠주고 싶다고 생각한다.

　또 결혼을 하여 생겨날 또 다른 가족들에게 어떻게 할지 생각하게 되는 계기가 됐다.

　내 글을 읽는 사람들에게도 나와 같이 가족들에 대하여 생각해 볼 수 있는 계기가 생겼으면 좋겠다는 마음으로 이 글을 마친다.

04 ─ 박훈민

작가 소개

1971년 8월 서울에서 2남 중 장남으로 초중고등학교를 서울에서 다녔고, 안양에 있는 대학을 졸업 후 1994년부터 사회생활을 시작했다. 1999년 결혼을 하고 슬하에 아들 하나가 있다.
첫 직장은 ㈜현대전자산업(현재 SK하이닉스)에 10년 근무하고, 이후로 사업을 15년 경영하다가 실패를 맞았는데, 우연한 기회에 지금의 회사를 다니게 되었다.
현재의 삶에 대해 만족하며, 가족과 함께 건강하게 행복하게 이어지는 삶이 더 나은 미래가 되기를 희망한다.

작가 노트

나를 유지해 준 것은 가족의 힘이고, 그런 가족을 깊이 있게 생각해 보고자 글을 쓰게 되었다. 가족의 살아온 모습을 통해 나의 삶의 또 다른 의미를 찾는 유익한 시간을 보내서 더없이 좋았다. 이 글이 여러 사람에게 마음의 좋은 씨앗이 되기를 바랄 뿐이다.

나의 나 된 것은
다 하나님의 은혜라

◼ 제1장. 아버지

　아버지의 한평생을 내가 다 알 수는 없지만, 내가 지금까지 듣고 또 듣고 했던 이야기를 바탕으로 재구성해 보겠다.

　6.25 전쟁이 일어나기 8년 전, 아버지는 서울 아현동 부근에서 9남매의 막내로 태어났다. 그 당시는 누가 되었든 굶주림으로 허덕임이 끊이지 않던 시절이라 아버지 역시 그 운명을 피해갈 수는 없었다. 아버지는 제일 첫째 누나와 30년 나이 차이가 난다. 그 아래로는 대략 3~4살 터울 정도 된다. 아버지의 부모님, 즉 나의 할아버지는 아버지가 9세일 때 돌아가셨고, 할머니는 아버지가 14일 때 돌아가셨다. 일찍 부모를 여의고 많은 방황을 겪을 수밖에 없는 환경에 처했다.

아버지가 8살 되던 때 6.25 전쟁이 일어났다. 가족이었던 9남매는 모두 뿔뿔이 흩어지고 말았다. 긴 전쟁이 끝나고 아버지를 포함하여 9남매 중에서 5명이 살아남았다.

아버지의 형제 중에 첫째 누나, 둘째 누나, 중간 형제들은 모두 돌아가셨고, 일곱째는 형이며, 여덟째도 형이다. 그리고, 마지막으로는 나의 아버지이다.

첫째 누나는 일찍 시집을 가서서 자녀가 1남 1녀로 모두 2명이다. 아버지와 첫째 누나의 나이 차이가 많이 나기 때문에 누나의 자식과는 촌수로는 삼촌이 되지만 나이로는 거의 차이가 없을 정도이다.

이 당시 출가외인이 본가를 돌본다는 것은 있을 수 없는 일이라, 나의 아버지는 홀로 삶을 살아야 했다. 가족이란 명분 아래 명절이나 되어야 간간이 보곤 했다. 먹고살기도 바쁜 시절이라서 일 년에 한 번 보는 것도 부담스러운지 몇 해는 그냥 지나쳐 갔다.

결국 왕래가 뜸하던 2001년 어느 날, 아버지의 첫째 누나 이자 나의 고모님은 돌아가셨다.

아버지의 둘째 누나는 2남 1녀로 총 3명의 자녀를 두었다. 마찬가지로 둘째 누나의 자녀는 아버지와 비슷한 연배는 아니지만, 아버지와 대략 10년 정도 나이 차이가 난다.

어떤 이유로 헤어져서 살게 되었는지 모르지만, 아버지와 여러 해 동안 떨어져 지냈다가 1990년쯤 어느 날 다시 만나게 되었다. 그렇게 다시 만나서 서로의 안부를 묻고 지내다가 2000년이 오기 직전에 아버지의 둘째 누나는 결국 지병으로 인하여 돌아가셨다. 그때 그녀의 나이는 75세 정도 되셨다.

아버지의 형들 중에서 일곱째 형은 결혼하여 2남 1녀의 자녀를 두었다. 처가의 재력으로 당시에 안경점을 운영하며, 서울 전농동 일대에 3층짜리 단독 주택을 70년 초반에 소유할 정도로 부자였다. 하지만, 알코올 중독으로 내가 3살이던 해 돌아가셨다고 한다.

내가 중고등학교를 다니던 시절에는 일 년에 한 번씩 큰 집에 가서 명절을 지내고 왔던 기억이 있다. 그때는 달동네 집이 아닌 번듯한 정원이 있는 고급 주택이 있어서 얼마나 좋을까 하는 생각뿐이었다.

아버지의 여덟 번째 형은 내가 초등학교 1학년일 때 본 이후로 지금까지 소식이 없다. 건너서 들려오는 소식으로는 어느 조그만 시골에서 목회를 한다는 이야기를 전해 들은 것이 전부이고 현재까지 아무런 소식이 없다.

처음 10년 정도는 아버지도 기다리셨으나 시간이 지날수록 점점 기억에서 멀어져 갔다. 지금은 생사를 알 수 없어 어딘가에서 잘 살고 계시리라 믿고 싶지만, 헤어질 당시에 폐병으로 인한 기침이 심했던 터라 아마도 돌아가셨다고 아버지는 생각하시는 듯하다.

아버지의 형제자매는 이렇듯 모두 돌아가셨고, 유일하게 남은 나의 아버지는 어느덧 80대 중반을 지나가고 계신다.

아버지의 꿈 많은 청소년 시절은 부모 없이 배고픔에 시달려야 했고, 학교를 제대로 다니지는 못하셨어도 비상한 머리가 있기에 어느 정도의 학문은 익힐 수 있었다.

그렇게 세월이 흘러 군대를 갔고, 헌병이라는 특수한 보직을 맡아서 일반병과는 다른 경험을 많이 했다. 그중에서 기억나는 것은 지금도 생사를 모르는 아버지의 여덟 번째 형이 공금 횡령으로 감옥에 가게 된 것이다. 헌병이었던 아버지의 손에 이끌려서 이감을 받게 된 사연을 들었을 때는 참으로 암울했던 시절의 모습이 떠올라서 눈물이 나기도 했다.

아버지는 그런 군 생활을 마치고, 사회에 나와서는 이것저것 닥치는 대로 일을 했다. 그러다 어느 날 나의 어머니를 만났고, 그 흔한 결혼식 없이 두 분의 결혼 후의 삶이 시작되었다.

아버지의 인생 중반부터 내가 등장하게 되었다. 내가 태어나고 7년이 지나서 작은아들이 태어났다. 이렇게 2남을 두고 아버지의 40대를 맞이하게 되었다. 가장 경제 활동이 활발해야 하는 시기에 아버지는 많이 방황하셨다. 정확히는 매일 술로 보내는 삶을 살아가셨고, 내가 군대를 간 이후에 어떤 계기가 있었는지는 모르지만, 술을 끊어내고 일을 시작하셨다. 이때부터 집은 조금씩 경제적으로 좋아지기 시작했다.

아마도 이 시기부터 동네에 있는 교회를 열심히 다니기 시작하셨고, 지금까지도 교회를 다니신다. 작은아들이 군대에 갔을 때는 무사히 제대를 기원하는 마음에서 성경을 노트에 필사하여 교회에서 큰 상을 받기도 하셨다. 필사한 노트를 보면서 아버지의 의지에 대하여 진심으로 감탄했었다.

이제는 늙고, 거동도 불편하고, 점점 쇠약해지는 아버지의 모습에서 그의 삶이 얼마 남지 않음을 짐작으로 알 수 있다. 자식에게 손 벌리면서 살아가지 않은 것에 대하여 감사하다고 늘 이야기하시면서 본인의 건강을 챙겨서 더 오래오래 함께 지내야 하는 것을 이제는 그만하고 싶으신가 보다. 곁에 있는 식구들의 걱정에도 고집이 있으신 당신은 이제 조용한 자신의 삶을 스스로 정리하는 시간 속에 지내고 계신다.

아버지는 청년 시절부터 지금까지 직장 생활이라고는 세탁소의 시다(초보 보조원)로 세탁 기술을 익힌 뒤에 30대 중반부터 본인이 직접 60세가 될 때까지 운영하셨다. 사교성이 그리 좋지 않아서 교회 생활에서도 활발한 교류 없이 지내셨다. 간단하게 말하면 친구가 없다. 가족 외에 다른 지인은 없으니, 대화의 폭이 많이 좁다. 결국, 이것이 노년의 조울증으로 번져가는 느낌이 들어서 가족으로서 안타깝다.

이런 아버지의 인생을 보면서 나는 아버지의 전철을 밟지 말아야 한다는 교훈으로 나를 더욱 성장시켜 주는 원동력이 되었다.

▣ 제2장. 나의 어머니

누구나 어머니를 떠올리면 한 가지 단어가 떠오를 것이다. '희생.' 자신의 일생을 가족을 위해 아무런 대가 없이 말이다. 나의 어머니도 그중에 한 분이다.

1949년생이지만, 옛날에는 주민등록을 늦게 하는 경우가 많아서 1950년으로 등록이 되어있으신, 올해로 75세이신 나의 어머니는 전라남도 목포에서 태어나셨다. 목포는 항구 도시로 나의 외할아버지는 뱃사람이다.

그 옛날에는 배를 타면 대부분 돌아오지 못하는 경우가 많았는데, 그중에 한 분이 나의 외할아버지셨고 역시 일찍 돌아가셨다. 그래서 나의 어머니는 지금의 초등학교 교육도 제대로 받지 못한 채 어린 시절부터 닥치는 대로 일을 해야 했다. 목포에서는 먹고살 방법이 없기에 서울 근교로 생활을 옮겨서 여러 식당에 쪽방에서 지내며 생활하기 일쑤였다. 그러던 어느 날 식당 주인의 소개로 나의 아버지를 만나셨고, 그때 어머니의 나이는 20세였다.

그 흔한 결혼식도 하지 못하고, 좋은 보금자리도 만들지 못한 채 각자 처한 위치에서 생활했다. 다시 말해서 혼인신고는 했으나, 같이 살면서 지낼만한 집이 없다는 얘기다. 이 현실이 얼마나 가슴 아픈 얘기인지 지금은 상상할 수도 없다.

내가 태어나고 3살 때부터 세탁소의 남은 방에서 세 식구가 살게 되었다. 이때부터 나의 어머니의 희생은 시작되었다. 같이 살지 않을 때는 적어도 아버지의 술주정에 대한 고민은 없었을 것이다. 하지만 같이 살게 되면서 매일 술을 드시는 아버지의 술주정과 술 심부름은 시작되었고, 이게 한평생의 골칫거리로 자리를 잡았다.

150cm도 안 되는 작은 키에 온갖 짐을 올려놓은 듯한 나의 어머니의 20대에는 내가 태어나고, 나의 동생이 태어났으니 하지 않아도 되었을 법한 고생이 몇 배로 가중된 셈이다. 아버지의 술주정은 도를 넘어서 폭력으로 번졌고, 변변한 살림살이도 없는 방에서 네 식구가 옹기종기 모여서 잠을 잘 때는 각자 편하게 잘 공간도 없을 정도로 좁았다.

그러던 어느 날 서울 하월곡동이라는 산동네로 이사를 갔다. 그나마 그때부터 어머니의 고생이 덜하게 된 시기이다.

하지만 그것도 잠시였다. 집주인과 잦은 다툼으로 인하여 거의 1년에 한 번씩 이사를 다녔다. 그때는 지금처럼 독립된 집이 아니고, 마당을 공유하는 구조가 대부분이었기 때문에 어느 집이든 소란을 피우면 쫓겨나는 게 당연한 것이었다.

그런 상황에서 지금 생각해 보면 오늘이 있기까지 잘 참고 견디신 어머니의 희생은 나와 내 동생이 건실하게 성장할 수 있는 밑거름이 되었다고 본다.

어머니는 음식 솜씨가 남다르다. 전라남도 목포의 손맛이 살아있다는 표현이 어울린다. 모든 음식이 깔끔하고 맛있었다. 난 남들도 다 그 정도로 먹고 사는 줄 알았다. 하지만, 그렇지 않은 사람이 대부분이라는 것을 사회에 나와서 알게 되었다.

그래서 어느 모임이나 우리 어머니를 다들 좋아하고 챙겨준다. 음식 맛이 아주 좋아서 친척뿐 아니라 집을 방문한 모든 사람들이 음식을 포장해 가기 때문이다. 그런 어머니와 나는 체형과 성격이 많이 닮았다고들 한다. 그래서 그런지 나는 아버지보다 어머니가 더 안쓰럽고, 더 챙겨드려야겠다는 생각이 든다.

이제 어머니도 많이 늙으셨다. 하지만 아직은 체력적으로 쌩쌩하시다. 주변에서 누가 도와달라고 하면 거절을 못 하시고 도와주신다. 쉬엄쉬엄하시라고 권하지만 매일매일을 바쁘게 지내신다. 이제는 편히 쉬시면서 바쁘게 살아온 인생을 조금은 더디 가면서 즐기는 삶을 살았으면 하는 게 자식의 입장에서 바라는 큰 소망이다.

어머니의 인생에서 나는 아마도 아버지 보다 가까운 존재이다.
아버지와의 대화 보다는 나와 대화를 더 많이 했고, 지금도 일주일에 1~2번은 통화를 한다.
때론 남편보다 의지를 많이 하고 지내 오셨기 때문에 아마도 나는 어머니의 이야기를 들어주는 습관이 들었다고 해도 좋을 것이다.
사람은 어디든지 말할 곳이 있으면, 정신적으로 힘들지 않다고 들었다.
어머니의 아들이자, 대화의 상대로써 아프지 마시고, 오래오래 나와 대화를 이어나가기를 바란다.

◙ 제3장, 나의 아내

서로를 알아가는 데는 얼마나 많은 시간이 필요할까?
각자의 삶을 살다가 어느 순간 만나게 되어 점점 익숙해지는 만남이 이어지다 결국에는 결혼으로 결실을 맺는다. 그렇게 살다 보니, 어느덧 나의 아내는 혼자 산 세월보다 결혼 이후의 삶이 더 길어졌다.

시골의 조그만 마을에서 태어난 2남 2녀 중 둘째가 나의 아내다. 하지만 아내의 주변에는 너무나 큰 일이 많았고, 결국에는 어린 나이에 큰 슬픔을 많이 겪게 되었다. 나의 장인어른 되는 분은 일찍 돌아가셨고, 이로 인하여 집안의 형편은 더없이 가난했다. 또한, 4남매 중 2명은 하늘나라로 먼저 가게 되었다.

가난과 슬픔이 공존하던 정말 힘든 시절을 견디면서 지내다가 사회생활을 시작한 지 2년 차에 나를 만나게 된 것이다. 아내는 성실하고 노력을 많이 하는 성품을 지니고 있었다. 내가 아내와 결혼해서 지금껏 지내온 것은 행운이라고 생각할 정도이다.

20살 초반에 만나서 어느덧 40대 후반이 된 그녀는 줄곧 한 직장에 다니고 있다. 그녀의 인생에 있어서 2번째 직장이 결국에는 마지막 직장이 될 정도로 그녀는 꾸준하고 성실하다. 현재는 25년 근속을 유지하고 있다.

아내의 절약 정신은 대단히 투철하다. 어릴 때부터 가난했던 과거가 아마도 그녀를 그렇게 만들었을 것이다. 가난함을 벗어나기 위한 절약 정신이 스스로 몸에 배어 지금도 유지하고 있다. 절약이 심하여 때로는 즐기는 것이 무엇인지 잘 모른다. 때가 되면 여행도 가고 싶고, 구경도 하고 싶을 텐데, 그렇지가 않다.

한 가지 예로, 신혼여행을 호주로 갔다 온 이후 해외여행은 한 번도 간 적이 없고, 심지어 그 흔한 제주도 여행도 간 적이 없다. 오로지 집과 직장 그리고 주변의 공원 산책이나 등산이 아내의 전부라는 생각이 들 정도이다.

이제는 방향을 바꾸어서 아내가 스스로의 삶에 좀 더 여유를 갖고 지낼 수 있기를 바란다.

아내와 많은 시간을 보냈지만, 아직도 아내를 잘 모르겠다.
그만큼 이해하기 힘든 부분이 많은 사람이다.
하지만, 내 곁에서 늘 응원해 주는 사람이기도 하다.
조금 더 내가 사랑하고, 아끼며 아내와 함께 남은 인생을 즐겁게 살아야겠다.

▣ 제4장, 나의 아들

결혼 후 자식에 대한 열망이 결실을 맺기까지 많은 시련을 겪고 끝내 아들을 얻었다. 자연적인 임신과 출산이 얼마나 큰 축복인지를 몸소 깨닫게 된 7년의 긴 시간이었고, 시험관 시술이라는 현대 의학의 힘을 빌려서 태어난 나의 아들은 나의 일생일대의 큰 축복이자 선물이다. 이렇게 어렵게 만난 나의 아들은 어느새 훌쩍 자라서 고등학교

2학년생이 되었다. 조그맣고 귀여운 모습은 어디론가 사라지고 무뚝뚝하지만 세심한 성격을 지닌 평범한 청소년이다.

어릴 적에 귀엽고 말을 잘 듣던 아이는 이제 제법 체격은 부모보다 더 커지고, 말도 잘 들을까 말까 하는 사춘기를 지나고 있다. 자신의 의견을 부모에게 또박또박 말을 잘하는, 청년의 느낌이 물씬 풍기는 10대 후반의 길을 걷는 중이다.

아들은 어릴 적에 바이엘, 체르니를 익혔는데 만화나 영화 OST에 대한 관심이 많아서 자기 나름대로 연습을 한 곡이 많으며, 몇 년이 지난 지금도 악보 없이 가끔 집에 있는 피아노로 연주를 하곤 한다. 아내와 나는 종종 아들의 피아노 연주를 들으면서 잠시 눈을 감아보는데 그 여유를 느낄 때 참 행복하다. 그리고 소위 'Another level'의 다른 사람으로 느껴지기도 한다. 어떻게 저걸 외워서 칠 수 있을까, 참으로 신기한 일이 아닐 수 없다.

지금의 아들은 누구나 겪어야 하는 입시 전쟁의 시기를 지나가고 있다. 좋은 결과가 있기를 희망하는 마음으로 지켜보는 게 전부인 나는 마음속으로 응원을 열심히 보낼 뿐이다. 하지만 아내는 나와 전혀 다르게 다그치거나 시시콜콜한 간섭이 있다. 여느 부모들처럼 한 사람은 채찍을, 한 사람은 당근을 주는 셈이다.

어렵게 가진 아들은 어려서부터 남들 다 앓고 지나가는 모든 병을 다 거쳐 갔다고 해도 과언이 아닐 정도로 잔병치레가 잦았다. 그렇다고 체력이 약하거나 운동신경이 떨어지는 것은 아니다.

어린이집을 다니던 유년기 시절에는 모든 체육 활동에서 시범 조교 역할을 할 정도로 체육 능력이 탁월했다. 초등학교 시절에도 반 대표로 달리기 대회에 나가기도 했다. 아마도 내가 많은 체육 활동을 같이 해준 덕분에 그렇게 되지 않았나 하는 생각이 든다.

지금은 입시 공부로 인하여 같이 하는 체육 활동은 아예 없어서 약간은 서운하지만, 건강하게 잘 지내주기를 희망한다.

아들의 마음을 헤아리는 부모는 아마도 많지 않을 것이다.
아들 또한 부모의 마음을 잘 모를 것이다.
하지만, 서로가 서로를 생각하는 마음은 비슷하다고 생각한다.
비교적 온화한 성격의 아들은 학교에서 인기가 나름 있는 편이다.
그런 탓에 주변에 친구가 많아서 혼자 있는 시간보다는 친구와 있는 시간을 많이 보내고 있다.
집에서는 혼자 있는 탓에 외로움이 많았을 것인데, 학교에서는 친구를 많이 사귀어 대인 관계가 원만해지고 보기 좋은 학교생활을 보내는 것 같다.

'기대 반, 걱정 반'이란 말은 자식을 두고 누구나 한 번쯤 했을법한 생각이 아닌가 싶다. 자식이 생기면서 나의 인생에도 큰 변화가 있었고, 그 변화에 맞추어 지금껏 잘 지내오고 있다.

나의 인생에서 약 30%의 시간을 아들과 함께했고, 앞으로 지낼 수많은 시간을 기대해 본다.

▣ 제5장, 나의 나 된 하나님의 은혜에 대하여

내가 살아온 길은 다소 순탄하지 않은 길이었다. 그게 나를 나답게 만든 거름이다.

철없는 학창 시절, 많이 힘들었던 군대 시절, 힘차게 시작한 사회생활, 인생에서 처음으로 다른 사람과 가족이 되는 결혼, 잘나갈 줄 알았던 사업이 실패했던 기억 등 제2의 인생이 시작된 지금의 이 시간까지 나를 만든 것은 내 노력이 아니라, 누군가에 의하여 철저하게 만들어졌다고 생각한다.

우연히 지나는 것은 하나도 없다. 모든 것을 지나고 보면 어떤 연관성에 의하여 이루어진 것을 느낀다. 내 인생이 길면 100세, 짧으면 80세라고 봤을 때, 앞으로 약 25년 정도면 나의 삶이 끝날 수도 있다.

하지만 내가 살아가는 날까지 나는 나를 만들어준 하나님께 감사하며 또 다른 삶을 살아가는 나의 가족과 여러 사람을 위하여 내가 받은 모든 은혜를 함께 나누며 사는 그런 사람이 되기를 소망한다. 아래의 마지막 말로 이 글을 마친다.

만약 내가 다시 태어난다면 나는 지금의 가족과 다시 만나고 싶고, 또 다른 모습으로 다른 인생을 만들어 가고 싶다.

나의 인생길은 여전히 진행 중이다.
이 길은 언제 끝날지 모르고, 또 어떤 일이 벌어질 지 알 수도 없지만, 내가 사랑하는 가족과 살아 있는 동안 나의 인생의 여정을 무사히 마치고 웃으면서 헤어지는 이별이 되기를 간절히 바랄 뿐이다.

삶이란 늘 즐겁고 행복하고 좋은 것이다.
누군가 그토록 바란 던 오늘을 나는 살아가고 있고, 나의 가족들도 살아가고 있다.
지금껏 인생에서 수많은 고비를 넘기면서 의지하고 기대었던 나의 가족이 있어서 나는 행복한 사람이다.
가족애를 느끼며 사는 것이 진정한 행복이라고 생각한다.
행복한 사람은 행복을 느끼지 못한다고 한다.
지금껏 건강한 것도, 가족이 아무도 아프지 않은 것도, 자식이 건강하게 학창 시절을 보내는 것도, 다 감사해야 하는 것이지만, 그런 사소한 행복의 요소가 한순간에 없어지면 흔히들 말하는 멘붕 상태가 될 것이다.

그래서, 나는 오늘도 감사의 제목을 하나씩 나열해 본다.

이것도 감사, 저것도 감사, 감사의 항목은 하루에도 많이 늘어나고, 늘어나면 날수록 행복해질 것이다.

내 나이 어느새 50대 중반이다.

너무나 황당한 숫자 아닌가?

인생에서 산 날 보다 앞으로 살 날이 더 적다는 것이.

더욱이 언제 죽음이라는 것을 만나도 이상하지 않을 나이가 되어 버리면 어떤 생각을 하면서 살아야 하는 걸까?

나의 부모님은 아직 정정하시다.

하지만, 몇가지 사건이 있어서 마음의 준비는 하고 있는 상태이다.

준비 없는 이별이 되지 않도록 말이다.

부모님 중에 한 분이 돌아가시면, 이제는 같이 살면서 옆에서 돌봐드려야 할 것이다.

이것이 자식의 도리라는 생각은 들지만, 현실적으로 아내의 의견도 중요하기에 혼자서 결정하기는 힘든 문제이다.

가족의 구성원 중에서 한 사람이 빠지면, 생활이 변화하게 된다.

생활이 변화하면 그 속에는 갈등이 존재하고 그 갈등 속에서 또 다른 생각을 할 것이다.

일어나지 않은 일을 걱정하는 것이 병이 되지 않기 위해, 현재 살아 계신 부모님과 조금 더 좋은 추억을 만들어야겠다.

나의 부모님은 오래오래 내 곁에 계셨으면 좋겠다.

가족의 소중함을 알게 되었고, 동고동락을 하면서 함께 인생의 나머지 페이지를 써 나가야겠다.

05 ── 심종하

작가 소개

울산에서 태어나 경기 용인에 거주하며 열심히 직장 생활과 가정을 함께 꾸려가고 있는 심종하입니다. 2001년에 반도체 직종에서 사회생활을 시작했고, 20년 가까이 엔지니어로서 일하다 현재 통신 관련으로 2년 전 이직하여 일하고 있는 중입니다.

결혼 생활은 20년 넘게 하고 있고, 1남 1녀의 성인 자녀를 두고 있습니다. 여행을 좋아하며, 기독교인이라 은퇴 후에 다양한 선교 활동에도 관심이 많은 사람입니다.

작가 노트

가족이라는 주제로 접근하는 게 쉽지 않았습니다.
가족은 사랑과 기쁨을, 아픔과 슬픔을 어쩔 수 없이 함께 나누어야 하는 존재입니다. 살아오면서 느꼈던 기쁨과 굴곡, 변곡점에 대한 부분을 제 나름 상세히 기술하였습니다. 사람 사는 게 다 다르기 때문에 '이런 관점에서도 살아갔구나'라고 한번 생각해 보시고 읽어주시면 감사하겠습니다.

나, 또 다른 나

　내 나이 한국 나이로 벌써 49살. 벌써 어느덧 반백 년을 보고 살아가고 있다.

　인생의 속도는 나이에 비례한다고 했던가? 지금 내 인생의 속도는 거의 50km/h의 속도로 무섭게 달리고 있는 것 같다. 하루가 1시간처럼 느껴지고, 1년이 하루 만에 지나가는 느낌이다. 이제 뭔가를 좀 시작해야겠다는 생각만 했는데, 벌써 몇 달이 그냥 쉽게 흘러버렸다.

　올해 2024년을 맞이하면서 크게 하려고 했던 2가지 다짐이 있었다.

　첫 번째는 나의 믿음 생활과 관계되는 일이지만 성경 2독을 하는 것이고, 두 번째는 개인 공부를 하는 것이다. 성경 통독은 큰 진전이 없어 보인다. 이것도 몇 년 동안 그렇게 많이 시도해 보았는데, 아직 시편에서 넘어가질 못하고 있다.

두 번째로 목표했던 개인 공부도 큰 진전이 없다.

사실 난 화공과 출신으로 법령 관련된 공부는 좀 무외한이라 쉽지 않은 도전이었지만 공인중개사에 관심이 많았었다. 하지만 15년 전쯤 책을 사놓고 회사 일이 바빠서 시도도 못 해보고 버린 적도 있다. 주위에 40~50대에 2~3년 정도 투자해서 공인중개사 공부를 하는 이들이 좀 있어서 다시 공부하기로 맘은 먹었었다. 그분들의 조언도 그 나름 내 결심을 서게 만든 동력이 되었다. 그런데, 그런 결심을 한 게 작년 12월인데, 아직도 그대로다.

그 외에 친구들이 조언한 몇 가지 자격증 이야기도 들었는데, 아직 나는 시도도 못 하고 있다. 그만큼 인생을 살아오면서 시간이 무상하게 흘러가 버리는 것 같아 너무 슬프다.

그렇지만 사람이라는 게 사회적인 동물이고 이성을 가진 가정적인 동물이라고 하지 않았는가? 나도 인생을 살아가면서 많은 계기, 많은 사건들에 부딪혀 왔지만 나를 잡아주고 올바른 길로 인도하는 이가 가족이 아닌가 싶다. 부모님이 계시고, 그 위에 조부모님이 계셨고, 지금 나와 함께하는 아내가 있고, 사랑으로 이루어낸 자식들이 있으니 말이다. 가족이 없었다면 과연 나는 혼자서 모든 일을 감당해 낼 수 있었을까?

그 가족이라는 게 나에게 있어서는 크게 결혼 전의 가족과 결혼 후의 가족으로 나뉘는 거 같다.

학창 시절을 보내면서, 사회생활을 하면서 참으로 많은 일을 만나고, 많은 시련을 겪어왔었다. 그럴 때마다 나를 잡아준 이가 가족이라는 존재였다. 부모님이 올바로 크게 인도하셨고, 학창 시절 많은 뒷바라지를 해주셨다. 결혼 후에는 나의 아내가 같은 동반자이지만 부모님 이상의 몫을 하고 있지 않나 싶다.

내가 조금이라도 엇나가려고 한다면 바로 올바른 길로 붙잡아 주고 곁에서 지켜봐 주는 이가 가족이었다. 그게 부모님이고, 아내이고 나의 자식들이다.

가족에 대한 부분은 위에서 언급한 바와 같이 학창 시절의 나의 가족, 결혼 후의 나의 가족을 논하고 싶다. 그리고 앞으로 살아갈 나의 가족도 함께 논하고 싶다.

어렸을 때부터 난 큰 어려움 없이 자라왔다. 운동을 좋아했고, 친구들과 어울려 노는 것을 좋아했었다. 그리고 적당히 학습 능력도 어느 정도 받쳐주면서 학업 성취도도 좋은 편이었었다. 가정 환경도 나쁘지 않은 환경에서 자라왔고, IMF 시절 20대 초반이었지만(군대 복무 시절), 아버지께서는 다니시던 회사를 잘리지 않으시고 계속 다니시면서 40년 넘게 한국전력이라는 큰 회사에서 오래 버티시며 정년 퇴임까지 가정을 계속 잘 이끄셨었다.

정말 그랬다. 무엇 하나 큰 위기라고 할 게 없었다. 그게 지금 나에게 있어서 많이 겪어보지 못했던 것이 큰 위기였나 보다.

정말 그랬다. 초등학교 때엔 수업 끝나고 친구들하고 매일 축구 하러 다니고, 탁구 치러 다니고, 야구 하러 다녔었다. 동네에선 80년대에 했을만한 동네 놀이란 놀이는 다 하고 다녔었던 거 같았다. 그런 나를 위해 부모님께서는 정말 아껴가며 절약해 가며 우리를 뒷바라지해 주셨었다.

아 참, 내 어렸을 때 가족 소개를 못 했나 보다. 잠깐 가족을 소개한다면, 부모님 외에 외할머니, 2살 터울의 여동생까지 총 5명의 가족이 함께 살아왔었다. 정말 잘 놀았고, 부모님의 사랑, 그보다 더한 외할머니의 사랑을 받아가며 어린 시절을 보냈었다.

나의 학업 성적도 초등학교 때엔 거의 TOP급이었다. 사춘기를 거쳐가며, 중학교 때까지는 그래도 전교 10% 안에 들었었는데, 고등학교 때 들어서 바닥의 세계의 맛을 보았다. 그래도 내 나름 수능과 본고사 시험을 거치며 선전하여 4년제 공과 대학에 입학하였고, 멋진 대학 생활을 시작했다.

사춘기가 온 고등학생 때는 부모님의 지원 아래 열심히 공부했지만 성적 스트레스를 많이 받았었다. 그로 인해 부모님께 상처를 드리기도 했지만 이 역시 잠시의 갈등이었고 내 인생길은 여전히 '실패' 없이 순탄하게 흘러갔다.

드디어 20대에 들어서서 부모님의 굴레를 벗어나 대구에서 자취 생활을 시작했다

군대 가기 전 새내기 대학생활이 좀 재미있었을까? 과 동기들과도 MT를 여러 번 다니고, 남자애들 여자애들 같이 어울려 많은 여행과 추억을 쌓았었다. 그와 더불어 난 유네스코라는 연합 동아리에 가입하면서(KUSA) 군대 가기 전 동아리 회장까지도 해보았고, 전국 연합 활동에도 적극적으로 참여하며 많은 남녀 구별 없이 많은 친구를 만났었던 거 같다. 전국 30여 개 대학교의 학생들과 같이 9박 10일의 국토 순례도 했었고, 같이 어울려서 지내다 보니, 참 많은 동기가 생겼다. 그 바람에 군대 가서 편지할 친구도 많았었다.

이 모든 게 부모님 회사에서 학비 지원이 되다 보니 순탄했던 것이다. 고생도 많이 안 해왔었고… 참 그랬다. 누가 보면 그러겠지. 재수 없다고. ^^

학창 시절까지 나의 모습은 정말 물 흘러가듯이 잘 흘러갔었다. 마

치 온실 속의 화초처럼, 부모님의 뒷바라지, 외할머니의 사랑으로 정말 고민 없이 큰 어려움 없이 잘 커왔었다.

여기에 덧붙인다면, 취업까지도 순탄하게 풀렸는데 4학년 졸업하기 전에 입사하여 정말 큰 어려움 없이 학창 시절을 마무리할 수 있었다.

여기에 군대 다녀와서 복학한 후 2학년 말쯤 지금의 아내를 만나 3년간의 연애를 한 후 결혼에 골인했다. 그것도 28살 빠른 나이에 말이다.

지금까지 내가 쓴 글을 보면 정말이지 내가 봐도 참 부럽다 싶다. 정말 어려움 없이, 큰 위기 없이 그리고 TEST에 직면할 때(진학, 취업) 순탄하게 잘 통과해 왔으니. 더군다나, 부모님께서 딱히 편찮으신 데가 없으시니 남부러울 게 없었다.

그렇다고 우리 집이 그렇게 부자는 아니다. 부모님의 절약 정신이 한몫했다. 아버지께서 40년 넘게 교대 근무를 하시며 42년 동안 한국전력을 다니셨는데 그 절약 정신으로 어렸을 때의 나의 인생길에 희망 회로를 던져주신 것과 다름없다.

정말 그러했다. 적어도 결혼 전까지는 정말이다. 진짜 많은 어려움 없이 잘 자라온 거 같다. 그 모든 것이 부모님의 사랑과 뒷바라지 덕분이다.

20대 결혼 전까지의 내 인생에 있어서 가족이라는 존재는 나를 키워주기 위한 뒷바라지 존재였다. 나의 인생 사이클에 있어서 0~20대 중반까지의 사이클은 항상 순탄했다. 그 모든 게 부모님 덕분이었다. 더군다나 난 1남 1녀의 장남이다 보니 부모님의 뒷받침이 오죽할까 싶다.

그러던 중 24살 대학교 2학년 때 지금의 아내를 처음 만났다. 그때 나는 대구, 아내는 전주에 살아서 만나기가 그리 쉬운 편은 아니었다. 99년에 처음 만난 지금의 아내와는 당시의 PC 통신이라는 매체를 통해 교제를 시작했다. 나에겐 첫사랑인데, 처음 해보는 연애가 이렇게 좋을 줄이야. 그렇게 3년이라는 시간이 지난 후에 지금의 큰아이를 혼수로 맞이하여 03년도 3월 봄에 결혼을 하였다.

이제부터가 시작이다, 나의 인생이. 180도의 고난도 회전을 맛본 나의 인생이.

2003년 봄, 드디어 나는 인생의 영원한 반려자와 결혼을 하게 되었다. 처음에는 정말 좋았다. 모든 사람의 축복 속에 행복한 결혼 생활을 할 것이라 생각했다. 그리고, 천안-부안으로 매주 왔다 갔다 고생을 하지 않아도 되고 헤어짐의 아픔이 없어서 좋았다. 그때가 내 인생의 터닝 포인트였다.

천안에서 반도체 기술 엔지니어로 회사를 다니게 된 난 평일에도 밤 10~12시에 퇴근하는 일이 다반사였고, 토요일도 거의 매주 출근했다. 가끔씩은 일요일에도 한 달에 1번 정도 출근하다 보니 가정을 돌볼 겨를이 거의 없었다. 또한 사회생활을 하다 보니 회식이 불가피하게 잦아지곤 했다. 거기에 더불어 결혼하고 얼마 안 있어 첫째를 낳게 되었는데, 연년생으로 둘째까지 임신하여 결혼 2년도 안 되어 두 녀석이 태어나게 된 것이다. 더군다나 와이프는 천안에 연고가 없어서 육아를 많이 힘들어했었다.

결혼 후 첫 4년은 참 많이 싸웠었던 거 같다. 모든 건 육아 스트레스 때문이었다. 와이프는 육아 스트레스로 인해 산후 우울증까지 오게 되었고, 정말 힘든 고비도 많았다. 말로 표현할 수 없는 고통들이 있었다. 진짜 꺼내서는 안 될 단어까지 아내에겐 나올 수밖에 없는 상황들이 너무나도 많이 펼쳐졌었다.

그렇지만 난 그에 비해 너무 눈치가 없었다. 정말 슬프게도. 앞에서 말하지 않았던가. 대학생 때까지의 나의 모습은 온실 속의 화초였다고.

그렇게 힘들어하는 아내를 쉽게 이해해 주지 못했다. 아니, 내 방식대로 이해하려고 했었다. 정말이지 이게 결혼 생활인가 싶었다. 난 나 나름대로 열심히 살아가려고 했던 것뿐이었는데, 이게 결혼인가 싶었다. 정말 울고 싶었다. 내가 새로 만든 가족이라는 울타리가 이런 것이었나 싶었다.

행복하지 않았다. 행복하고 싶었다. 그러나 그러질 못했다. 반도체 회사라는 특징 때문에, 24시간 365일 계속 Full로 돌아가는 라인 때문에 회사는 회사대로 힘들어지고 가정은 가정대로 힘들어졌다.

회사도 1,000명 넘는 규모의 회사라 사람과의 관계가 때로는 스트레스로 작용할 때가 많아 힘이 들었다. 그런데 집에 와도 편하지 않았다. 아니, 쉴 수가 없었다. 쉰다는 것 자체가 사치였다. 더군다나 애들이 어려서 누구에게도 맡길 수 없어 혼자 벌이를 할 수밖에 없다 보니, 이건 도대체가 탈출구가 없었다. 아내는 그대로 지쳐갔다.

큰애 출산 후 정확히 3년 반이라는 시간은 진짜 지옥과도 같은 생활이었다고 해도 과언이 아니다. 만약 이 글을 아내가 읽는다면 동의할 거라 생각한다.

그러던 우리 가족에게 변화가 생긴 중요한 터닝 포인트가 생겼다. 그것은 바로 믿음 생활의 시작이었다. 교회를 다니기 시작한 것이다.

이게 무어냐고 할 수도 있다. 그렇지만 예수님을 믿지 않았다면, 종교 생활을 시작하지 않았다면 나의 가족은 지금 없어졌다고 해도 무방할 수밖에 없다고 감히 말할 수 있다. 참고로 아내와 나는 종교를 믿지 않았다. 그뿐만 아니라 양쪽 집안도 기독교가 아니었고, 나의 부모님은 1년에 1번(석가탄신일)은 꼭 절에 봉양하러 다니셨기에 불교라 해도 틀린 게 아니었다. 그런 우리 가족에게 기독교라니, 참으로 있을 수도 없는 일이었다.

때는 2005년도 가을이다. 큰 딸내미가 3살, 작은아들 녀석이 갓 돌을 지난 시점이었다. 와이프는 여느 때와 마찬가지로 놀이터에서 애들을 보며 시간을 보낼 때였다. 그때, 근처에서 전도하시던 집사님이 아내에게 전도를 한 것이다. 그 사건이 앞으로 일어날 나의 가족에 있어서 큰 변환점이 될 거라고는 감히 상상도 못 할 큰일이었다.

아내에게는 육아 사정이나 속얘기를 털어놓을 비슷한 동네 친구가 필요했던 것이었다. 그 만남을 시작으로 자연스럽게 교회에 첫발을 내딛게 되었던 것이다. 아내는 교회에 다니면서 알 수 없는 편안함을 느꼈나 보다. 어린아이들은 주일 학교 선생님들이 돌봐주고, 그저 말씀과 기도, 예배를 드리면서 자연스럽게 그 생활에 젖어들도록 하였던 것이다.

그러면서 아내는 나에게 말했다.

"당신도 같이 교회 다니자."

나는 당돌하게 대답했다.

"당신이 좋아하니까 믿는 건 괜찮아. 대신 난 안 다닐 테니 당신만 다녀."

어쩌면 난 이걸 원했을지도 모른다. 적어도 교회 간 시간만큼은 애들이 집에 없으니 "해방이다."라고 외치고 싶었다.

그러고도 1년 3개월 정도 지났다. 날짜도 잊지 못한다, 2007년 1월 21일을. 큰애 5살, 작은애 4살 되던 해였다. 아내는 교회를 다니고 있었고, 사실 나도 06년도 연말부터는 서서히 교회에 발을 딛기 시작하던 시점이었다. 난 늘 회사 때문에 바빴고, 아내는 육아의 스트레스가 극에 치달을 때였다. 그 전에 몇 번 심하게 싸웠었던 적은 있었다. 그러나 이날만큼은 아니었다. 아내는 가방을 싸서 정말 나가려고 준비를 했었다. 진짜 마지막이었다.

그런데, 이런 일이.

아내가 둘째 산후조리 할 때 알게 된 재무 설계사분이 있었는데, 그분뿐 아니라, 후임으로 우리 가정을 담당하시던 설계사님 두 분 다 교회를 신실하게 다니신 분들이었는데, 나중에 그렇게 우리에게 고백하셨다.

'21일 아침에 기도를 하는데, 예수님께서 응답하셨다고. 꼭 천안에 가서 우리 집을 방문하라고.'

아내가 나가려는 찰나에 11시쯤 오셔서 한참 권면하고 돌아가셨다고 했다.

그게 전부가 아니었다. 2시경에는 우리 가정을 교회로 이끄셨던, 같은 아파트에 사시는 집사님께서 우리 집에 오셨다. 그분 역시 똑같은 이야기를 하셨다. 기도를 하는데, 예수님께서 우리 집을 꼭 방문하라고 하셨다고. 그러고는 2시 반쯤 아내가 울면서 고백했다. 오늘 있었던 일들을. 나도 회사에 있었지만 20분 정도 통화하면서 엉엉 울었던 것 같다. 이건 있을 수 없는 일이었다는 것을.

아내 통해 귀신 들렸던 모습도 몇 차례 봤었고, 그 유명한 로또 2등 사건(차마 말하고 싶지 않은 사건 — 돌아가신 할머니가 꿈속에 나타나 노잣돈을 주셨던 예화) 등등 아내랑 결혼하면서 참 신기한 일들이 많았었는데, 이날을 계기로 정말 인생의 큰 변곡점이 생겼다고 봐야 할지도 모르겠다.

정말 힘들었다. 20대 중반까지는 아무 힘든 일 없이 잘 지내왔었고, 아내랑 3년 반 연애하면서 때로는 다툰 적도 있었지만, 첫사랑과 결혼한 기분이 이런 건가 싶을 정도로 행복하였었는데 나의 20대 후

반~30대 초반은 정말 악몽과도 같은 시기였다.

적어도 2주에 한 번은 싸웠던 거 같다. 한 달을 못 넘겼던 거 같다. 이런 이야기를 하는 것 자체가 부끄럽기도 하지만 정말 군대에서도 겪어보질 못할 정도로 힘든 고난이 이때였나 싶을 정도로 힘들었다.

그렇게 벼는 익어갔던 것 같다.

나 역시 교회 생활을 2007년부터 본격적으로 시작하면서부터 가족 안에서의 고난은 귀신같이 사라졌다. 과연 이럴 수 있을까 싶었다. 사단, 마귀, 귀신이 우리 가족을 해하려다가 하나님을 만나자 그 고비에서 벗어났다고밖에 볼 수 없다.

그 이후로도 물론 힘든 과정은 참 많았다. 그렇지만 아내의 인도로 믿음 생활을 통해 슬기롭게 헤쳐나갔던 거 같다. 회사에서 희망퇴직을 3번이나 당해본 아픔도 있었지만 잘 이겨냈었다. 지금 다니고 있는 직장도 2년 전 거의 1년 반 정도를 급여를 받지 못해 경제적으로 힘든 과정도 있었지만, 가족이라는 울타리 안에서 잘 이겨냈었다. 믿음 생활을 통해 기도로 헤쳐나갔다.

그런 일이 있고 약 15년 정도 흘렀나 보다.

지금 일어나고 있는 일이다. 큰 녀석은 지방대이긴 하지만 간호학과에 입학하여 현재 3학년으로 병원 실습 나가면서 잘 지내고 있다. 또래 친구들이 너무 많아 고민일 정도로 친구 관계도 좋으니 다행이다.

작은 아들내미 녀석은 6월에 군에 입대하였다. 이 녀석도 지방대이긴 하지만 4년제 대학에 잘 입학했고, 컴퓨터 관련 전공으로 자기가 좋아하는 과에 입학하여 자기 나름 잘 지내고 있다. 군에 보내다 보니 아무래도 부모의 입장에서 맘이 편하지는 않다. 18개월이 지나는 내년 연말이 되어야 제대를 하게 되니 맘이 불안하긴 하다. 훈련소만 잘 견뎌주길, 자대 가서 신병 시절 좋은 고참 만나서 힘들지 않았으면 하는 바람이 없을 수가 있을까?

아직은 50이 되지 않은 나이에 큰애 22살, 작은애 21살로 빨리 키웠다. 여유 없는 삶을 보내며, 외벌이로 혼자 키워가며 정말 나 자신에게도 고생했다고 하고 싶다. 애들 나이에 비해 우리가 아직은 젊은 축에 속하지만 그래도 고생했다고 자부하며 나와 나의 아내를 위로하며 자부하고 싶었다.

자녀들이 성인이 되면서 어느 정도 여유가 생기니 우리도 여행 좀 즐기면서 여유 있게 살고 싶었다. 정말 그랬다.

그런데 거기까지였다. 청천벽력 같은 일이 올 줄이야.

어느덧 부모님께서 70대 중반을 지나시던 시점이었다. 작년에 아버지께서 파킨슨 초기 증상을 보이셔서 계속 약 처방을 하고, 분당 서울대 교수 외래 진료를 통해 정확히 점검하고 치료 방향을 잡았다. 그나마 지금 처방한 대로 평생 관리하면 더 악화되지는 않는다고 하시기에 한숨 놓았다.

나의 부모님은 매일 만 보 이상씩 걸으시며 운동으로 꾸준히 관리하시고, 어머니는 추가로 다른 팀에서 운동 관리하시며 꾸준히 건강을 지켜오셨다. 그런 어머니께서 올 5월 초부터 아프시기 시작하시더니 6월 7일 청천벽력 같은 판정을 받게 되었다. 이 글에서 공개할 수는 없지만 큰 병을 갖게 되셨다.

헉…. 이럴 수가……. 다른 병도 아니고….

그냥 할 말을 잃었다. 아직 74세밖에 안 되셨는데, 당뇨도 없으시고, 술 담배도 안 하시고, 꾸준히 운동도 하시고, 가족력으로 암이 아무도 없으신데, 이런 어머니에게 이런 시련을….

모든 걸 놓고 싶었다. 가뜩이나 둘째 녀석이 군대에 간 것 때문에 마음이 많이 쓰였는데, 어머니께서…. 아버지께서도 이미 파킨슨 초기 증세이셔서 어머니가 옆에서 계속 관리를 해드렸는데 이런 시련이….

뭐라고 해야 할지 모르겠다.

주여, 왜 이런 시련을 또 주시나이까.

그리고 난 뒤 며칠 후 정확한 진단을 할 수 있게 되었다. 그나마 빨리 확인된 거 같아 다행이라고 하셨다. 그리고 정말 감사하게도 4개월 정도 부지런히 치료받으시고, 항암을 하시고 수술까지 하시면서 그 어려운 질병을 잘 이겨내셔서 현재는 거의 완치 수준에 다다르셨다.

그리고 더욱더 감사할 일이 생겼다.

15년 동안 부모님 전도를 위해 그렇게 끊임없이 기도한 덕분인지, 어머니께서도 이젠 교회에 가서 기도하시겠다고 고백하셨다. 주님을 믿겠다고 고백하신 것이다.

할렐루야~~~

지금 어머님의 차도는 미미하다. 아직 미래를 모른다. 그저 15년만 더 사셨으면 하는 바람이다. 그리고 교회를 다니시는 나의 어머니께서 많은 사람을 전도하여 교회로 이끄시는 모습을 상상한다. 나의 인생 터닝 포인트가 되었던 07년도 사건 때처럼 어머님도 지금 교회 가시기 시작하신 걸 터닝 포인트로 삼고 인생을 마지막을 즐겁게 사셨으면 한다. 아버지도 함께, 동생네 식구도 함께.

아 참, 이번 일로 인해 부모님의 거처도 옮기게 되었다. 용인 수지에 살고 계셨는데, 아무래도 장남인 내가 가까이서 모셔야 하다 보니 7월에 우리 아파트로 이사 오시게 되었다. 아버님도 몸이 완전 편치는 않으시다 보니 아내가 선뜻 나섰다. 부모님 가까이 오시게 해달라고.

그런 아내가 너무 고마웠다. 처음에는 부모님 두 분 다 보름 가까이 우리 집에서 함께 모시다가 따로 케어하게 되었는데, 아버님은 잠시 한 달 정도 여동생 집에서 모셨고 치료 중이신 어머님은 아내가 우리 집에서 지극히 챙겨드렸다. 매번 병원으로 진료하러 모셨는데 그게 벌써 3개월 정도 되었다. 그래서 지금 어느 정도 완치 가까운 상태에 오게 된 것이다. 너무 고맙다. 이게 가족이구나 싶었다.

이게 바로 가족이 아닌가 싶다. 나의 아내에게 많은 걸 배운 거 같다. 철없는 나를 결혼하자마자 철들게 만들더니, 지금은 눈물 나게 만들어주는구나.

나의 인생은 아직 현재진행형이다. 마지막은 아직 모른다. 결혼 전엔 정말 고난 없이 살아왔고, 가족의 보살핌 안에 행복하게 살았다면, 결혼이라는 시작을 통해 인생 2막을 알게 되었고, 인생의 쓴맛을 보게 되었다. 그러다가 교회를 통해 새로운 깨달음을 알게 되었고, 우리 가족을 구원해 주신 것에 행복했었다.

여유를 찾을 때쯤 그제야 부모님께서 아프시단 것을 알게 되었고, 다시 한번 가족의 소중함을 깨닫게 되는 순간이었다.

난 아직 49세이다. 아직 적어도 40년은 더 살날이 남았다. 지금은 위아래(부모님, 자식) 동시에 보살펴야 할 중요한 위치에 있는 거 같다. 많이 힘들고 지칠 수도 있지만, 이겨내리라~

어머니의 완치도, 그리고 가족의 구원도, 그리고 이후 내가 공부하려 했었던 나의 성취도, 그리고 맞이하게 될 나의 자녀의 가족 구성원을….

아직 인생은 모른다. 그렇지만 가족이 없었다면 나의 인생은 없었을 거 같다.

이게 인생인가 보다.
이게 가족인가 보다.
적어도 지금까지의 나에게 있었던 일들은…
실화였지만, 힘들었지만, 소중한 경험으로 묻고
나의 그리고 우리 가족의 미래를 설계하고 싶다.

06 — 이경미

작가 소개

인생 47년 차. 2006년도에 현재 회사에 입사하여 어느덧 18년 차가 된 직장인입니다.
결혼하여 2명의 자녀가 있으며, 가족과 함께 사랑하는 법을 알아가고 있습니다.

작가 노트

누구나 있는 가족이지만 우리 가족이기에 특별하고 소중한, 우리 가족 이야기를 쓰려고 합니다.

지금 내가 살아가는 데 가장 큰 힘이 되어주는 가족, 가족을 위해 희생하면서 행복이라고 생각하는 엄마를 위한 글이기도 합니다.

단란한 가족(바비아나)

우린 모두 가족이 있다. 나에게 가족은 나를 세상에 태어나게 해준 가족 그리고 내가 선택한 가족이라고 생각한다.

행복과 슬픔은 한 끗 차이라는 말이 있듯, 나에게 가족은 나를 살게도 하지만 나를 너무 힘들게 하는 족쇄 같다고 느낄 때도 있다. 하지만 가족은 나에게 행복을 주는 소중한 존재이다.

나와 함께하는 내가 바라보는 우리 가족을 소개하며, 행복했던 가족의 모습을 다시 한번 떠올려 보려고 한다.

◼ 가족의 시작

우리 가족은 4식구였다. 아빠, 엄마, 오빠, 나. 사이가 좋으신 부모님과는 즐거웠던 기억만 남아있다. 항상 어디든 가족이 우선이었던 아빠는 주말이면 우리를 데리고 여기저기 자주 다녔는데 요즘 많이 들 다니는 캠핑도 아빠와 처음으로 해봤다.

아빠와의 추억 중에 인상 깊은 기억이 하나 있는데 캠핑을 갔던 어느 날이었다. 저녁에 비가 오는 터라 부모님은 집에 가야 하는 거 아니냐 걱정하셨지만 난 아빠를, 오빠는 엄마를 꼭 껴안고 빗소리가 너무 좋으니 자고 가자고 했던 기억이다.

내가 지금 캠핑(우중 캠핑)을 좋아하는 것도 그때의 기억이 남아있어서 그럴지도 모르겠다. 이런 기억 덕분에 캠핑은 나에게 또 다른 행복을 주는 존재가 되었다.

내가 11살에 아빠는 심장마비(심근경색)으로 돌아가시고 우린 3식구가 되었다. 전날 저녁에 옆집 친구네와 우리 집에서 같이 저녁을 먹고 내일 보자며 헤어졌는데 갑자기 아빠가 돌아가셨던 거다. 갑작스러웠기에 우리 가족 모두 받아들이지 못했고 특히 엄마는 너무 힘들어하셨다.

교회에서는 아빠 장례를 도와주고 우리 집에도 자주 찾아와 엄마와 우리를 챙겨주고 위로해 주셨다. 그때 교회가 엄마를 지켜주지 않았나 생각한다. 그 후로 우리 가족은 교회를 열심히 다니기 시작했고 엄마는 지금까지도 열심히 교회를 다니신다.

그 후 집에만 계셨던 엄마는 아빠 대신(아빠는 정말 가족만 챙기셨다. 엄마가 부양자셨다.) 돈을 벌기 위해 아침 일찍 출근해서 밤늦게 퇴근하셨기에 집에는 오빠와 둘이서 있는 시간이 많았다. 나와 1살 차이 나는 오빠는 엄마와 나를 항상 먼저 생각하는 듬직한 오빠였다. 엄마는 지금도 그 당시 힘들고 어려운 시절을 미안해하신다.

오빠와 나는 사이가 좋은 편이다. 다른 집을 보면 오빠가 동생을 부려 먹고 괴롭히기도 하는데 난 과보호를 받으면서 컸다. 내성적인 성격에 친구가 별로 없던 나는 집에 있기를 좋아했는데 오빠가 나를 밖으로 자주 데리고 다녀주고 이것저것 많이 알려주었다. 운동을 좋아했던 오빠는 나에게 여러 가지를 알려줬는데 지금 내가 우리 아이들과 자전거와 볼링을 같이 할 수 있는 건 모두 오빠 덕분이라고 할 수 있다.

공부를 잘했던 오빠를 엄마는 교회 선교사님을 통해 필리핀으로 유학을 보냈는데 그때 오빠의 나이가 18살(고등학교 2학년)이었다. 돈 때문에 힘들지는 않았지만 유학은 엄마에게도 쉬운 결정은 아니었는데, 엄마는 오빠를 대학교 졸업 때까지 지원해 주셨다. 한부모가정에 나까지 키우기 어려웠을 텐데 엄마가 정말 대단하시다.

오빠는 필리핀에서 결혼해서 살다 몇 년 전 한국으로 돌아왔다. 오빠가 해외에서 자리를 잡고 살기까지 엄마의 희생이 없었다면 힘들지 않았을까 생각한다. 어릴 땐 당연하게만 생각했는데 내가 지금 아이를 키워보니 희생은 당연한 게 아니라 엄마라서 가능하지 않았을까 생각한다.

맞벌이인 우리 부부를 위해 엄마는 현재도 우리 가족을 옆에서 도와주신다. 내가 지금도 일을 할 수 있는 건 일하면서 아이 키우는 딸 고생한다고 힘든 일은 모두 자처해서 해주시는 엄마의 희생 덕분이다.

지금이 제일 행복하다고 하시는 엄마…. 이제라도 여자로서 인생을 사셨으면 좋겠는데 엄마는 지금이 좋다고 하신다. 지금도 일을 하고 계시는 엄마를 보며 이제는 남은 인생을 편히 사셨으면 하고 바라본다.

▣ 또 하나의 가족

신랑과 나는 지금 다니고 있는 회사에서 만났다. 회사에서는 그냥 성격 좋은 사람이구나 했던 생각이 난다. 그러다 먼저 퇴사한 신랑한테서 연락이 왔고 회사에서 보던 느낌과 다른 자상하고 밝은 모습에 끌려 지금은 15년 차 부부가 되었다.

신랑과 만날 때 엄마가 아프셔서 갑자기 수술을 하게 되었는데 신랑이 옆에서 많이 도와주었다. 엄마가 입원 중에도 찾아와서 챙겨주는 모습이 듬직해 보였고 이 사람이랑 결혼해야겠구나 생각했다.

나는 결혼에 있어 아빠가 안 계시는 게 문제가 된다고 생각하진 않았는데 가끔 한부모가정을 좋게 보지 않는 시선 때문에 엄마는 걱정을 많이 하신 거 같다. 상견례 날 시부모님은 "며느리 잘 키워주셔서 감사합니다." "그동안 고생 많으셨습니다."라고 엄마에게 인사를 해주셨는데 생각지도 못한 상황에 놀랐고 동시에 엄청 감동받았다.

결혼하고 지금까지 내 생일엔 아버님이 꽃바구니를 보내주시는데 잊지 않고 챙겨주는 멋진 아버님께 항상 감사드린다.

결혼하고 아이가 생기기 전까지 우린 싸운 적이 없다. 서로 맞춰주는 것도 있었지만 내 의견을 우선으로 생각하고 들어주니 가능했던 것 같다. 그러다 아이들이 태어나고 부모가 되어보니 서로 다른 육아 방식으로 의견 차이가 생겨 감정이 상해 싸울 때도 있었지만 지금은 서로 대화로 풀어가고 있다.

나는 가족이 생긴다면 여행을 자주 가고 싶었다. 아빠와 놀러 다닌 기억이 소중해 우리 아이들에게 그런 기억을 남겨주고 싶어 자주 다니려고 노력하는 편이다.

현재 우리 가족은 캠핑을 좋아해 자주 다니고 있다. 아빠가 해주는 요리도 맛있고 자연 속에서 아이들과 함께하는 캠핑은 다닐수록 더 빠져드는 매력이 있다. 아이들이 클수록 캠핑을 자주 갈 수는 없겠지만, 우리 가족에게 캠핑은 소중한 추억이다.

2번의 임신과 출산이라는 행복하고 힘들었던 시간을 보내고 만난 나의 아이들은 축복이며, 나를 살아가게 하는 존재이다. 모든 사랑을 듬뿍 받고 자란 아이들이 지금 14살, 12살의 청소년이 되었고, 아이들을 키우면서 나는 아이들에게 많이 배우고 감사함을 느낀다.

내가 생각한 가족의 완전한 모습이 우리 아이들이 있어서 완성되었다고 생각한다. 결혼 전의 나는 예민한 성격으로 걱정이 많은, 한마디로 성격이 안 좋은 사람이었는데, 그런 내가 지금 신랑을 만나 결혼을 하고 아이를 키우면서 편안해 보인다는 얘기를 자주 듣는다.

자식은 부모의 거울이라는 말이 있다. 자기 인생을 한발씩 나아가고 있는 우리 아이들에게 우리 부부는 길잡이로서 더 노력하며 뒤에서 항상 응원을 보내고 있다. 미래의 우리 가족은 어떤 모습일지 기대가 된다.

▣ 가족과 함께하는 여행

가족과 함께하면서 가장 기억에 남는 건 여행이다.

사이가 좋은 친정엄마와 시어머님 덕분에 우리 집은 양가 가족이 자주 모여 식사도 같이하며 시간을 보내는 편이다. 아이들이 어릴 때는 친정엄마가 자주 초대했고, 강릉에 계시는 시부모님은 단오제나

지역축제가 있으면 항상 친정엄마를 초대해 주셔서 만나다 보니 더 사이가 좋아진 게 아닐까 생각한다.

친정, 시댁 모두 제사를 지내지 않으니 명절에 즐겁게 지내보자는 부모님 말씀에 시작한 여행이 이제는 우리 가족에게 특별한 이벤트가 되었다.

처음 갔던 여행은 대천이었는데 친정, 시댁까지 모두 합쳐 13명의 대인원이 함께하는 여행이 되었다. 숙소, 차량 등 이것저것 준비할 게 많았지만 준비하는 동안 너무 즐거웠고 출발하는 순간부터 우린 모든 게 다 그냥 좋았다.

그 후로 통영, 설악산, 평창 등 여러 곳을 부모님과 함께 다녔는데 그중에서도 가장 기억에 남는 건 작년 설 연휴에 다녀온 제주도 여행이다.

계획한 일정대로 모든 게 완벽하고 즐거웠던 여행 중 폭설과 강풍으로 비행기가 결항되었고 나는 회사 일정으로 급하게 표를 구해 돌아와야 했다. 혹시라도 친정엄마가 나 없이 불편하시지 않을까 걱정했는데 카톡방에 전송되는 사진 속의 행복해 보이는 모습을 보며 괜한 걱정이었다고 느꼈다. 2박을 더 계시다가 오셨는데 지금도 우리 가족은 모이면 제주도 얘기를, 특히 2박 동안 있었던 이야기를 한다. 가끔 보면 여행은 계획하지 않았던 특별한 경험이 우리 가족만의 소중한 추억이 되어 기억에 오래 남는 것 같다.

2025년 추석은 황금연휴라고 한다. 우리 가족도 추석에 여행을 가려고 준비 중인데, 어디를 갈까? 생각만 해도 설렌다. 행복해하실 부모님과 가족이 떠오르니 여행이 너무 기대된다.

여행을 위해 건강해야 한다며 열심히 운동하시는 부모님을 보며, 여행이 우리 모두에게 좋은 영향을 주는 것 같아 너무 행복하다.

▣ 캠핑이 좋아

아이들이 어릴 땐 주말마다 밖으로 나갔다. 공원도 가고 멀리 가기도 했는데 아이들은 뛰어놀아 좋고 우리도 잠시 여유를 가질 수 있어 여기저기 검색도 하면서 일부러 찾아가 보기도 했다.

그러다 우연히 시작한 캠핑은 여행 그 이상의 의미를 주는 특별한 존재가 되었는데, 여기서는 우리 가족을 변화시킨 캠핑에 대해 이야기해 보려고 한다.

캠핑을 하고 싶다는 생각은 있지만 시작하기는 살짝 겁이 났다. 그러다 집 근처 캠핑용품점을 구경했는데 그날 우리는 4인 캠핑용품을 샀고 가보고 싶었던 캠핑장까지 바로 예약했다.

설레는 마음으로 시작한 첫 캠핑은 정신없었다. 난방용품도 안 가져가 밤에 추웠던 기억도 있지만 가족과 함께한 불멍은 정말 잊지 못하는 기억으로 남아있다.

도시의 소음에서 벗어나 자연 속에서 오롯이 가족과 함께하는 시간은, 언제나 특별한 추억으로 남는다. 차를 타고 캠핑장으로 가는 길엔 우리 모두 설렘이 묻어있다.

오늘은 어떤 집을 지어볼까? 그곳에서 무얼 하고 놀까? 하는 생각에 목적지에 도착하기도 전에 기대감이 쌓여가는 시간인 것 같다.

캠핑장에 도착해서 아이들과 함께 텐트도 설치하고 가져온 짐들도 같이 꾸며놓으면 멋진 집이 완성된다. 함께 힘을 모아 하나의 작은 집을 짓는 과정은 평소 바쁘게 지내는 우리 가족이 하나가 되는 느낌이 든다.

식사 준비도 가족 모두 함께 준비하는데 아이들 모두 자발적으로 나선다. 캠핑 가기 전부터 먹고 싶은 메뉴를 같이 준비하다 보니 아이들도 놀이처럼 같이 참여한다.

요리를 잘하는 신랑은 캠핑장에서도 멋진 요리사가 되어 우리에게 맛있는 음식을 해주는데 야외에서 먹는 그 맛은 정말 최고이다.

밤이 되면 캠핑의 하이라이트인 장작불을 피워놓고 가족과 서로 이야기를 나누는데 사소한 대화에도 마냥 행복한 웃음이 나온다. 집에서는 느끼지 못하는 여유로움이 우리 가족 모두에게서 느껴지는 것만 같다.

자연 속에서 새소리와 함께 맞이하는 아침도 상쾌하다. 캠핑만 가면 아침 일찍 눈이 떠지는데 자연이 주는 그 조용함이 너무 좋다. 무언가를 하지 않아도 되는 여유가 있는 일상이, 전자기기에서 잠시 멀어져 혼자 또는 가족과 함께하는 순간이 행복이지 않나 생각한다.

캠핑은 우리에게 자연과 연결된 순간을 선물한다. 그리고 그 안에서 우리는 비로소 서로가 서로에게 가장 소중한 존재임을 다시금 확인한다. 이 행복함이 좋아 몸이 힘들어도 또 다음 캠핑을 준비하는 게 아닐까 한다.

올해 우리 가족은 동계캠핑을 시작하려고 준비 중에 있다. 겨울에 해보는 캠핑은 또 어떤 행복을 우리에게 전해줄지 무척 기대가 된다.

07 ─── 임종미

작가 소개

1995년 충청북도 충주에서 태어나 20년 동안 같은 집에서 이사 가지 않고 자랐다. 처음 고향을 떠난 것은 대학교를 입학한 2013년, 이후에 대학교를 졸업하고 바로 직장 생활을 시작해 어느새 7년 차 사회인이 되었다.

작가 노트

가족에 대해 생각만 해왔던 추상적인 마음들을 실제 글로 옮겨 적다 보니, 가족에 대해 생각하는 그 추상적인 마음이 구체적으로 정리해 보는 계기가 되었습니다. 제 글이 공감될 수도, 되지 않을 수도 있겠지만, 솔직하게 썼다는 점만은 알아주시면 좋겠습니다.

우리 집 텃밭에는 무엇을 심을까요

몇 년 전 명절, 가족이 모두 모였을 때 아빠가 넌지시 이런 말을 한 적이 있다.

"우리 가족이 이러다가 열 명이 될 수도 있겠다."

그 말을 들은 나와 언니는 "에이! 열 명은 좀 힘들지 않을까? 일고여덟 명이면 몰라도…."라고 대답했다. 아빠의 말이 무슨 의미인지 알고 있다. 아마 훌쩍 커버린 당신의 자식들이 한평생을 약속하는 짝을 만나 귀여운 아이를 낳고는 할아버지인 나에게 얼른 안겨달라는 뜻이 은연중에 내포되어 있을 것이다.

1995년의 겨울, 나는 곧바로 세 명의 가족이 생겼다. 오랫동안 아이를 기다려온 부부와 곧 사춘기가 올지도 모르는 열 살 소녀였다. 인생 처음 만나는 내 가족이었다. 처음엔 두 명이었다가 곧이어 세 명이 된 우리 가족은 내가 태어나고는 넷이 되었다.

늦둥이 딸이 너무 예쁘고 소중했던 우리 아버지는 내가 태어나자 집에 없던 가습기를 냉큼 사 오셨다고 한다. 나는 이 시절을 단 하나도 기억하지 못하지만, 어릴 때의 모습이 남아있는 사진 앨범을 보면 사랑받고 자란 딸이란 걸 아주 쉽게 알 수 있었다. 그리고 당시 초등학생인 언니가 쓰던 일기장에 나에 대한 에피소드들이 몇몇 있는데 그 글을 보면 모두가 천방지축 막둥이를 사랑스럽게 여겼다.

물론 어렴풋이 남아있는 기억도 있다. 나는 꽤 잠투정이 심한 아이였다. 지금이야 졸리면 자면 되는 걸 알고 있지만 어렸을 때에는 졸리면 울고불고 난리였다. 나는 이럴 때 아빠의 따뜻한 등을 참 좋아했었다. 아빠가 나를 업어주고, 나는 아빠의 흰색 메리야스에 입을 대고는 오물오물하며 잠이 들었다. 그러면 아빠의 흰 메리야스는 내 침으로 범벅이 되어 축축해지곤 했다.

나와 9살 터울인 우리 언니의 하교를 기다렸던 것도 기억이 난다. 우리 집은 9층으로, 베란다 창문에서 큰 사거리가 모두 보였다. 언니의 하굣길은 그 사거리의 횡단보도를 꼭 건너야 했다. 나는 언니가 집으로 올 시간인 4시 정도가 되면 베란다로 나가 언니가 오고 있나 지켜보곤 했다. 언니가 보이면 크게 언니를 부르며 손을 흔들었다.

내가 참 좋아했던 언니가 집을 떠나게 되었다. 고등학교를 타지로 진학하게 되었기 때문이다. 초등학교 입학과 동시에 나는 엄마 아빠와 함께 셋이서 외동처럼 자라게 되었다.

이때부터였을까, 부모님이 내 앞에서 싸우는 일이 잦아졌다. 어린 딸을 지켜주지 못할망정, 엄마와 아빠는 누가 잘못했네 어쨌네 하면서 나에게 서로의 험담도 했다. 아빠는 한동안 집 밖에 나가 따로 살았으며, 넷이 살던 집에는 엄마와 단둘이 남은 적도 있었다.

엄마는 심적으로 굉장히 괴로웠을 것이다. 그래서 당신에게 감히 대들 수 없는 막내딸에게 화풀이도 했을 것이다. 큰일이 아닌 것에도 짜증을 내고, 부당하다 느껴 말대답을 하면 욕을 하고, 내가 무언가 마음에 들지 않는 행동을 했을 때는 옆에 있는 자나 책 같은 잡동사니를 쥐어 잡고는 때리기도 했다.

우리 엄마는 소위 무서운 엄마였다. 은연중에 이러한 성격들이 모두에게 비쳤으리라. 내 친구들은 지금도 너희 엄마 무섭다며 가끔 어렸을 적 얘기를 하곤 한다.

어느 날은 이런 적이 있었다. 아파트 단지 안에서 자전거를 타고 있없는데 샛길 사이에서 나온 차랑 부딪혔다. 꽤 아프게 넘어졌는지 차를 운전하던 젊은 부부는 나를 걱정하며 병원에 가야 하지 않겠냐고 친절하게 물었다. 그런데 나는 그렇게 되면 엄마한테 혼나겠다는 생각에 병원에 가지 않겠다고 한사코 거절하며 울며 집에 돌아갔었다.

이 이야기는 나만 알고 있다가 20년쯤 지난 작년에 엄마에게 해주었다. 그랬더니 엄마는 자기가 그런 걸로 왜 혼을 내냐며 웃어넘긴 적이 있었다.

이 당시의 나는 아빠와 엄마 사이에서 아주 혼란스러워하고 있었다. 주변에서 잘못되었다 알려주는 어른 없이, 마음을 함께 나눌 형제 없이 아주아주 조용히 숨죽이며 살았다.

내가 다녔던 초등학교는 학년당 4반까지밖에 없었다. 한 학년당 120명 정도이기 때문에 반이 섞이며 학년이 올라가게 되면 거의 모든 학우들이 내 친구였다. 그중에서는 엄마나 아빠가 없는 친구들이 있었다. 지금은 부모님이 한 명이거나 아예 없다는 얘기를 들어도 전혀 이상하게 들리지 않지만, 어린 나이에는 모두가 그 나이에 맞게 어리게 생각했던 것 같다.

부모님이 이혼을 한 친구는 그 사실을 거의 모두가 알고 있었다. 그리고 한 친구의 아빠가 어릴 때 돌아가셨다는 얘기도 우리 학년의 거의 모든 친구들이 알고 있었다.

당시에는 "나는 누구와는 달리 엄마와 아빠가 모두 있어서 정말 다행이야!"라고 생각했었다. 어린 마음에 단지 엄마와 아빠가 모두 있다는 사실 자체로 위안이 되었던 것 같다.

초등학생이라면 꼭 해야 하는 방학 숙제 중 가족 신문을 만드는 숙제도 있었다. 가족 신문을 만들기 위해서는 신문에 적을만한 일화도 있어야 하고, 화기애애한 분위기로 찍은 사진도 있어야 하고 꽤 준비물이 많았다. 이 준비물은 돈이 있어도 시간이 있어도 근본적으로는 얻을 수 없는 준비물이었다.

나는 이 준비물을 준비하기 굉장히 싫어했다. 가족 신문에 나오는 화기애애한 가족의 정석과 우리 가족이 달랐다는 사실을 어렸던 나도 잘 알고 있었나 보다.

중학교 3학년이 되었을 무렵, 나는 언니와 다시 친해졌다. 그전까지는 내가 너무 어리기도 했고 언니도 학업으로 인해 계속 타지에서 살고 있었으니 말도 통하지 않고 관심사도 달랐었다. 언니와 '자매'였지만 진짜 '자매'가 된 것은 이때부터라고 생각한다.

언니는 이 무렵 대전에서 대학교를 다니고 있었다. 충청북도 충주

출신인 나에게는 대전 또한 서울만큼 큰 도시였다. 대전은 충주에는 없던 갖가지 쇼핑몰, 음식점, 카페들이 참 많았다. 그래서 나는 한 학기에 한 번씩은 대전에 놀러 가 언니와 데이트를 즐기곤 했다.

어느 데이트 날, 언니는 나를 패밀리 레스토랑으로 데리고 갔다. 그릴 자국이 난 스테이크와 갖가지 파스타 그리고 부시맨 브레드를 먹을 수 있는 그 레스토랑! TV에서만 보던 패밀리 레스토랑에 간 나는 너무 행복했었다. 나는 그때 고기를 통으로 그릴에 구운 진짜 스테이크도 처음 먹어봤고, 그런 스타일의 레스토랑에 간 것도 처음이었다. 모든 게 다 처음이었다.

이후에 내가 고등학생이 되었을 때, 언니는 학교를 졸업하고 취업을 하게 되면서 서울로 자리를 옮겼다. 나는 이때도 학기에 한 번 정도는 언니를 만나러 서울에 놀러 가곤 했다.

대전 사람에서 서울 사람이 된 언니는 꽤 멋있어져 있었다. 언니는 을지로에서 근무했는데, 을지로의 높은 마천루를 그때 처음 보게 되었다. 그리곤 그 아래에 있는 카페에서 여유롭게 브런치를 즐기곤 했다. 언니로 인한 내 경험이 더 확장되는 순간이었다. 언니가 아니었으면 경험하지 못했을 소소한 경험으로 인한 큰 행복…. 지금 돌이켜 보면 우물 안 개구리로 살뻔한 나에게 더 큰 세상을 보여준 언니에게 참 고맙다.

몇 년이 더 흘러 나도 대학교에 진학하게 되었다. 드디어 집에서 나올 수 있었다. 부모님 의견을 따라 당시 서울에서 근무하던 언니와 함께 자취를 하기로 했다. 잔소리하는 이가 아무도 없고, 눈치 보지 않아도 되는 아늑한 새로운 집. 성인이 된 나의 자취 라이프는 그때부터 시작되었다. 언니와 같이 주말마다 늦잠 자고 일어나 치킨을 시켜 먹고, 가끔씩은 저녁에 처음 도전해 보는 음식을 해 먹으며 깔깔대고, 그 당시 유행하는 TV 프로그램을 보며 호들갑을 떨면서 3년을 보냈다.

어느 날 나와 매일매일 재밌는 생활을 함께할 줄 알았던 언니가 새로운 남자 친구를 보여줬다. 말끔한 인상과 젠틀한 매너가 있는 어른이라고 생각했다. 근데 버스를 배웅하는 짧은 시간이었지만 뭔가가 심상치 않았다. 그리고 언니는 얼마 지나지 않아 그 남자와 결혼을 선언했다.

여자들만 드글드글한 우리 가족에 새로운 남자의 등장이라니! 3년 동안 매일매일이 신나고 즐거웠던 나에게도 변화가 생겼다. 하루아침에 나의 가족이자 친구이자 룸메이트였던 언니와 떨어져 살게 생겼지 않나, 심지어 나는 계획도 없었다. 언니가 그저 '결혼'한다는 사실보다는 나를 포함한 우리 가족 외의 새로운 가족을 만든다는 것에 약간 충격을 받았던 것 같다.

난 가족은 평생 엄마, 아빠, 언니, 나 이렇게 넷일 줄 알았다. 새로운 가족을 만드는 일은 당시의 나에게는 한 번도 생각해 보지 못한 일이었다. 나는 언니의 결혼을 통해 새로운 가족을 내 스스로 만들 수 있구나 하는 깨달음을 이때 처음 얻었다.

형부는 비즈니스맨 같던 첫인상과는 다르게 굉장히 유머러스하며 따뜻한 사람이었다. 언제 한번은 내가 대학교를 졸업하고 회사에 다니게 되면서, 오갈 데 없는 상황이 약 3개월 정도 생겨버렸다. 형부는 어린 처제를 자신들의 신혼집에 들어와 사는 것을 흔쾌히 제안하면서, 자기도 어렸을 때 누나의 신혼집에 얹혀살았던 이야기를 해주었다. 심적으로 안정되는 기분이 들면서 언니가 이런 사람과 결혼을 했다는 것이 참 좋았다.

언니와 같이 살던 집에 나만 남아 매일매일 신나게 나만의 시간을 즐기던 대학 시절, 한창 재밌게 했던 LoL 게임을 하고 있던 저녁에 언니에게서 전화가 왔다. 전화를 받자마자 대뜸 하는 소리가 "너 이모 된다."였다. 게임 중이기도 했었고, 나와 '이모'와의 상관관계를 한 번도 생각해 본 적이 없던 나로서는 이게 무슨 말인가 싶었다. 그래서 나는 "이모? 이모? 이모가 뭔데?" 하는 이상한 소리를 늘어놓기 시작했다. 뒤늦게 생각을 정리해 보니 언니가 임신을 한 것이고, 말 그대로 내가 곧 이모가 된다는 뜻이었다.

2016년의 가을, 저녁에는 찬 바람이 부는 중간고사 기간이었다. 언니의 아이가 태어났다는 소식을 듣고, 강동구의 한 산부인과로 향했다. 처음 본 나의 조카는 아주아주 작았고 그 작은 몸으로 꼬물거리고 있었다. 내가 이모라니! 그리고 우리 언니가 엄마가 되었다니! 당시에 대학교 4학년이었던 나는 벌써 이모가 되었다는 사실이 조금은 충격적이었을 것이다.

아기가 있는 집은 분위기가 다르다고들 하지 않나, 우리 집도 아기가 생기니 분위기가 아주 부드러워졌다. 특히 엄마와 아빠가 각각 할머니와 할아버지가 되면서 성격이 굉장히 귀여워졌다. 그리고 어디를 놀러 가도, 밥을 먹어도, 그냥 같이 앉아있어도 모든 시선과 신경은 조카를 향해 쏟아졌다. 조금 더 큰 지금도 장난을 칠 때, 글을 읽을 때, 생일 축하 노래를 부를 때, 같이 산책을 할 때에도 그 아이 덕분에 우리 가족 모두가 행복하다.

조카는 어렸을 때 나를 굉장히 좋아했다. 특별하게 무언가를 더 해주지는 않았던 것 같은데, 역시 아이들은 이모와 삼촌들을 좋아하는 것 같다. 이때 나는 조카와의 관계에서 무조건적인 사랑을 느꼈다. 내가 느끼기엔 내가 조카를 사랑하는 것보다 조카가 나를 사랑하는 게 더 컸던 것 같다. 은연중에 나도 조카에게 큰 사랑을 주고 있었던 것이겠지. 어른인 내가 생각하는 사랑은 아이가 생각하는 사랑과 다를지도 모른다는 생각을 했다. 어른이 된 이후로, 가족 간의 진정한 사랑을 조카가 생긴 이후로 처음 느껴봤다.

2022년 겨울, '회사에 좋은 사람이 있으면 종미에게 소개를 시켜주라'는 엄마의 지령을 받은 언니는 나에게 한 사람을 소개해 줬다. 언니가 소개해 주는 사람이면 그래도 괜찮은 사람이겠지 하는 마음에 만나는 보자며 그 사람을 처음 만났다. 근데 이게 웬일이지? 생각보다 그 남자가 더 마음에 들었던 나는 적극적으로 마음을 표시했다. 이런 나의 모습에 그 남자도 내가 마음에 들었나 보다.

우리는 연인으로 발전했고, 얼마 지나지 않아 더 먼 미래를 그리기 시작했다. 1년 후, 2년 후가 아닌 5년 후, 20년 후를 생각했고 가족이 되기로 결심했다. 흔히들 그렇게 말한다, 인연은 나타난다고. 나는 지금까지는 그 말을 믿지 않았었다. 그런데 나와 가족이 될 사람을 만난 이후로는 인연이 있다고 믿는다.

한국에서 결혼이란 건 아무래도 둘만 좋아서는 하기 힘든 것이 현실이다. 서로의 부모님을 뵙고 더 알아가기 전, 우리 부모님의 성격과 성향에 대한 얘기를 남자 친구와 함께 나눴다.

난 우리 엄마 아빠를 소개하면서 엄마를 지칭하는 수식어로 '쉽지 않다'라는 단어를 선택했다. '쉽지 않다.' 굉장히 모호한 단어라 그런지 남자 친구는 그게 어떤 것인지 물었고 예를 들어보라 하였다. 하지만 난 제대로 설명하지 못했다. 그저 '쉽지 않은' 느낌이고 그런 성격이라 에피소드를 예로 들어도 내 마음이 온전하게 전해지지 않았다.

처음 이런 이야기를 나눈 날 이후로, 나는 남자 친구와 내 어렸을 적 일화부터 당시에 힘들었던 일, 지금은 어떤 생각을 가지고 있는지 등 보다 내 감정과 기억에 솔직한 이야기들을 많이 나누었다. 그랬더니 남자 친구도 이제는 말한다.

"쉽지 않았겠네."

요즘은 내 마음을 모두 나눌 수 있는 남자 친구와 함께 결혼 준비에 한창이다. 아마 이 책이 엮어져 출판될 때쯤이면 나는 결혼식도 마쳤고 새로운 가족과 미래를 그리고 있을 것이다. 그러고 보니 내 입장에서는 새 가족이 생긴 것도 맞지만, 나도 한 가족의 새로운 가족 구성원에 추가되었을 것이다. 내가 선택한 사람으로 인해 더해진 모든 가족들과 함께하며, 그 가족들끼리만 공유할 수 있는 사랑을 서로 나눠가야겠다.

확실히 어린 시절엔 '나' 자체보다는 '가족'이란 구성에 나의 정체성이 있었던 것 같다. 따라서 가족은 어린 시절의 내 삶에 큰 영향을 끼쳤다. 물론 지금 그렇지 않다는 것은 아니지만, 확실히 지금은 나와 가족을 구분할 수 있다. 그렇기 때문에 모든 것을 배우며 자라는 어린 시절의 가족이 더 중요하다고 생각한다. 난 가족을 떠올리면 매번 눈물부터 난다. 단지 '슬퍼서'라는 감정이 들기 때문이 아니라, 어린이였던 나와 그 가족을 떠올리면 아무 생각을 거치지 않아도 곧바로 눈물부터 난다. 나도 왜 그런지 잘 모르겠다.

그래서 난 가족 얘기를 하는 것을 별로 좋아하지 않는다. 생판 남이거나 친하지도 않은 사람에게 대뜸 눈물을 보이는 사람이 되고 싶지는 않기 때문이다.

사춘기 이후론 가족에 대해 애써 외면하고 살았었다. 나만 잘 살고 있으면 되는 거 아닌가? 하는 생각에 가족을 크게 신경 쓰지 않았다. 스무 살, 친구들이 가족 얘기를 하면서 힘들다 말할 때에도 나는 친구들의 이야기를 듣고만 있었다. 유쾌하지도 않은 내 이야기를 하게 되면 내 살을 깎아 먹는 것이라고만 생각했고, 그냥 가족 얘기 자체를 꺼내는 것이 싫어 나는 그냥 묵묵히 자리만을 지키고 있었다. 다른 사람에게 걱정 없는 사람으로 보이고 싶다고 생각했던 것 같다. 이렇게 몇 년을 숨기며 혼자 생각하며 살다 보니까 오히려 내 인생이 너무 힘들어졌다.

4~5년 전부터 달라진 것 같다. 나의 감정을 드러내는 것이 중요해지고, 내가 행복해지는 게 최우선이 되었다. 그리고 이때부터는 나를 다시 되돌아보고 나누고 보듬기 시작했다. 마음을 나눌 수 있는 사람에게 내 이야기를 나누고, 혼자 생각하며 나를 재정비해 나갔다. 오히려 이렇게 직접 대면하고 나니 이렇게 시원할 수가! 왜 진작 나의 힘듦을 나누지 않았나 싶다. 되돌아보니 별거 아니었던 일도 많았고, 과거는 그저 해프닝으로 넘기고 내가 원하는 미래를 그리는 시간이 많아졌다.

지금까지 살면서 내가 가족을 선택한 적은 없었다. Given이라는 단어처럼 지금까지의 나에게는 가족, 환경 모든 것이 주어졌다. 이제는 내가 선택하고 싶다. 나와 같은 딸과 아들이 더 이상 생기지 않았으면 좋겠다.

건강한 가정 환경에서 자라는 것이 너무나도 중요하다고 생각하는 나이기 때문에 나의 새로운 가족에게 좋은 사람이 되고 싶다.

가끔씩 남편이 될 사람과 함께 미래의 자녀 이야기를 나누곤 한다. 얘기를 나누다 보면, 아이를 어떻게 하는 것이 잘 키우는 것인가에 대한 것으로 내용이 흘러가게 되는데, 거의 항상 같은 결론에 도달한다. 바로 '공부는 못해도 돼! 그렇지만 예의가 바르고 가족에 대한 사랑을 느낄 수 있는 사람이었으면 좋겠어!'다. 언제든지 부모가 자신의 편임을 알 수 있는 그런 관계, 공부를 못해도 부모는 자신을 사랑한다고 느낄 수 있는 관계, 힘든 일이 있을 때 가장 먼저 생각나 부모에게 털어놓을 수 있는 그런 관계. 나의 자식과 내가 그런 관계가 되는 것이 나의 꿈이다.

어찌 보면 내가 갖지 못했던 사랑의 유형이기에 나는 꼭 무조건적인 사랑을 줘야지 하고 굳게 다짐해 왔던 삶의 모습이다. 아직은 구체적인 계획도 없고 생각한 시기도 없지만, 막연하게 생각하는 2세에게 이 세상에 있는 모든 유형의 사랑을 줄 수는 없을 것이다. 하지만 엄마와 아빠가 주는 사랑만큼은 충분하게 느낄 수 있게 하고 싶다. 아이를 잘 키우는 게 정확하게 뭔지는 몰라도, 뭔지 모르는 나에게 가장 중요한 것은 가족 간의 사랑이다.

앞에서 말했 듯이, 책을 쓰는 이 시점엔 결혼 준비에 한창이다. 그런데 요즘 달라진 것이 있다. 바로 내가 부모님의 사랑을 느끼고 있다는 것이다. 역시 가족의 분위기가 변하기 위해서는 일생일대의 큰 계기가 있어야 하는 것일까? 최근엔 엄마와 아빠 모두 내가 이상적으로 상상하던 부모님의 역할을 하고 계신다. 그래도 금지옥엽 키운 막내딸이 새 가정을 꾸리는 것이 기쁘기도 하면서 걱정되고 아쉬운 모양이다. "그냥 생각 나서 전화했다.", "혹시 어떤 것이 필요하면 앓지 말고 얘기해라.", "혹시 누구에게도 말하지 못할 얘기가 있으면 나한테만 말하라. 그런 얘기는 해도 된다." 예전과는 다르게 조건 없이 나를 사랑하고 지지해 주는 가족들 덕분에 요즘은 행복한 매일을 보내고 있다. 과연 이게 언제까지 이어질지는 모르겠지만, 이때의 기억을 가지고 내 마음을 튼튼하게 잘 보살필 수 있을 것 같다. 그리고 이 튼튼해진 내 마음은 힘든 일이 있을 때 나를 쓰러트리지 않을 것이다.

난 인생에서 거창하고 큰 행복을 바라지 않는다. 남들이 생각하기에는 평범할 수도 있고 감동적이지 않을 수도 있지만 일상 속에서 은은히 생기는 편안함과 믿음, 그 것이 나에게는 행복이다. 그리고 그 행복을 가장 빠르고 쉽게 얻을 수 있는 공간이 집이고, 사람이 가족이라고 생각한다. 집에서부터 시작된 나의 삶은 집이라는 공간에서 이어지고 있고 그에 따른 다양한 감정들과 함께 살고 있다. 물리적인 위치는 바뀌더라도 항상 내가 소속되어 있다는 느낌을 받으며 언제든지 편안하게 지낼 수 있는 나의 집. 이 공간에서 무수하게 확장하며 펼쳐질 나의 여정을 응원한다.

08 — 오세환

작가 소개
40대 초반 남자 직장인입니다.

작가 노트
가족과의 시간은 삶의 본질적 의미를 일깨워 준다.
소중한 사람들과의 관계 속에서 우리는 진정한 행복을 찾고,
나아가 삶의 우선순위를 재정립하게 된다.
삶의 작은 순간들이 모여 소중한 추억을 만든다.

가족과의 시간

◼ 삶의 의미

나의 삶에 의미를 주는 것은 무엇인가? 무엇이 인생을 의미 있게 만드는가?

10년 전 결혼하면서 고민해 보았던 주제이다. 철없이 보낸 20대가 지나고 30대 초반 결혼을 할 시기가 되었다. 등에 짊어질 것이 생기니 철이 조금은 드는지 부모님의 모습이 눈에 들어왔다. 어느덧 환갑을 바라보고 계셨고, 언제나 젊고 의지가 되었던 모습과 달리 작아진 어깨와 흰머리에 주름까지 두 분의 모습이 작게 느껴지면서 무언가 시큰한 감정이 들었다. '당연하다 생각했던 것이 당연하지 않을 수도 있겠구나'라는 생각을 처음으로 했었다.

그 후로 나는 자연스럽게 삶의 우선순위를 재정비하게 되었다. 주말이고 명절이고 쉬는 날이면 먼저 찾던 지인과의 자리를 조금은 멀리하고 가족과 보내는 시간을 늘리기로 했다. 시작은 주말에 집 주변의 카페에서 차 한잔을 하면서 얘기를 나누었다. 일상 속 작은 시간을 내어 서로 얘기를 나누는 것만으로도 즐거워하셨다. 그동안 내가 너무 무심했다는 생각을 했고 부모님 입장에서 생각해 보니 철없는 아들을 보면서 서운했겠다는 생각이 들었다. 가끔 어머니께서 "어휴 내가 아들 새끼만 둘을 낳아서…. 딸을 낳았어야 했는데… 내 팔자야…."라는 얘기를 하셨다. 당시에는 그러한가 보다 하고 넘겼는데 마냥 빈말은 아니셨던 것 같다.

현재 가정을 이루고 아들도 낳았다. 돌이켜 보면 군대를 다녀오고, 결혼하고, 아이를 낳으면서 삶에 큰 변화가 있었고 때마다 정신적으로 조금 더 성숙해졌다고 생각한다. 혼자만의 삶에서 벗어나 가족이라는 새로운 중심을 가지게 되면서 삶의 우선순위가 달라졌다. 배우자와 서로를 이해하고 존중하면서 함께 성장하고 있고, 아이의 웃음과 성장을 지켜보며 전에는 몰랐던 행복을 알게 되었다. 물론 양가 부모님에 대한 감사와 존경을 아이가 크면서 더욱 크게 느끼고 있다.

앞으로도 가족과 좋은 시간을 보내기 위해 노력할 것이고, 가족과의 관계 속에서 소중한 경험을 바탕으로 더 나은 내일과 추억을 만들어가고 싶다.

▣ 주말의 고민

'이번 주말에는 아이와 무엇을 할까?'라는 고민을 매주 하는 편이다.

내가 어렸을 때와는 다르게 요즘 아빠의 역할이 많이 달라졌다고 생각한다. 예전에는 아빠들이 주로 가정 경제를 책임지는 역할을 많이 했고, 육아는 엄마의 몫이라는 인식이 강했다. 하지만 요즘은 아빠들도 아이들과 시간을 보내고, 그들의 활동에 적극적으로 참여하는 것이 자연스러운 일이 되었다.

나도 결혼하고 아버지가 된 이후, 아이와 시간을 보내는 것이 내 삶에서 중요한 부분이 되었다. 이런 변화는 개인적인 성숙과도 맞물려 있다. 결혼 전에는 혼자서 자유롭게 시간을 보내는 것이 당연하게 느껴졌지만, 가정을 이루고 아빠가 되면서 가족과 함께하는 시간의 가치를 더 크게 느끼게 된 것이다.

인터넷 검색창에 '아이와 함께 갈만한 곳'을 검색하면, 부모들이 자녀와 함께할 수 있는 다양한 장소들이 소개된다. 이때마다 나와 비슷한 고민을 하는 부모들이 많음을 새삼 깨닫게 된다.

요즘 부모들은 아이들과의 시간을 어떻게 보낼지 많이 고민하고 있다. 단순히 시간을 보내는 것이 아니라, 아이들이 즐거워하고, 새로운 경험을 할 수 있는 활동들을 찾으려는 노력이 느껴진다. 키즈 카페, 놀이공원, 연극, 뮤지컬 등 아이와 함께할 수 있는 다양한 옵션들이 있어 이런 고민을 해결하는 데 도움이 되곤 한다.

하지만 생각해 보면, 아이들이 마음껏 뛰어놀 수 있는 공간이 점점 줄어들고 있는 현실이 아쉽다. 예전에는 동네 곳곳에서 아이들이 뛰어노는 모습을 쉽게 볼 수 있었는데, 이제는 그런 광경을 보기 어렵다.

학교 운동장도 주말이면 문을 닫아버리고, 동네에서 공을 차거나 자전거를 타고 노는 아이들도 거의 찾아볼 수 없다. 집 근처를 둘러보면 그저 작은 놀이터 몇 군데가 전부인 것처럼 느껴진다. 내가 어릴 때만 해도 시골에서 자라서 그런지 골목에서 친구들과 공을 차고, 천이나 개울에서 물놀이를 하며 하루 종일 뛰어놀았던 기억이 난다. 그 시절에는 특별한 장난감이나 놀이 시설 없이도 자연 속에서 마음껏 놀 수 있었다. 하지만 요즘 아이들은 그런 경험을 할 기회가 점점 더 적어지고 있다.

이런 현실 속에서 아이와 함께 시간을 보내기 좋은 장소 중 하나가 바로 키즈 카페이다. 키즈 카페는 날씨가 좋지 않거나, 너무 덥거나 추운 날에도 쉽게 찾을 수 있는 장소로, 부모들에게는 실내에서 아이들이 안전하게 놀 수 있는 공간으로 인기가 많다.

나는 주말마다 날씨나 상황에 따라 종종 키즈 카페를 찾게 된다. 이곳에는 아이들이 신나게 뛰어놀 수 있는 다양한 시설이 갖춰져 있다. 짚라인, 번지점프, 클라이밍, 축구, 농구, 범퍼카 등 다양한 놀이 시설이 있어 아이들은 그곳에서 에너지를 발산하며 즐거운 시간을 보낸다. 아이들이 땀을 뻘뻘 흘리며 신나게 놀 때, 종종 구석에 앉아 졸고 있는 아빠들의 모습도 쉽게 볼 수 있다. 나 역시 그중 하나가 되어본 적이 많다. 아이가 키즈 카페에서 뛰어노는 동안, 잠시라도 여유를 가질 수 있다는 점에서 나쁘지 않다.

나는 아이를 키우며 지난 7년 동안 키즈 카페를 꾸준히 다녔다. 처음에는 아이가 이곳에서 노는 것을 좋아했고, 나 역시 편리하다고 생각했다. 그런데 이제 아이가 자라면서 점점 키즈 카페가 시시하다는 생각을 하게 될 때가 다가오고 있는 것 같다.

아이가 마음도 몸도 커지는 만큼 그에 맞는 장소와 활동을 찾아 주말에 시간을 보내야겠다. 캠핑이나 등산 등… 남자아이인 만큼 여러 가지 취미 생활을 같이 공유하지 않을까 싶다. 하루 종일 뛰어다니는 아이의 에너지를 감당하려면 나도 체력 관리를 해야겠다는 생각이 든다.

중요한 것은 우리가 함께 시간을 보내며 서로를 더 잘 이해하고, 관계를 더욱 깊게 만드는 것이 아닐까 싶다. 이렇게 작은 순간들이 모여 아이에게도, 우리 가족에게도 소중한 추억으로 남을 것이다. 주말마다 새로운 경험을 함께하며 아이의 성장 과정을 지켜보는 것이 큰 기쁨이 된다.

◼ 특별한 여행

올해로 결혼한 지 10년이 되었다. 시간이 참 빠르게 흘렀다는 생각이 든다. 아내와 신혼여행을 다녀온 후 약 반년간 국내외 여행을 많이 다녔다. 그때는 둘이서 떠나는 여행의 자유로움이 너무나도 좋았다.

어느 날 여행 중에 문득 연세가 들어가는 양가 부모님의 건강을 이야기하다가 앞으로 여행을 같이 다녀보자며 의견이 모였다. 그 이후로 우리는 양가 부모님과 개별적으로 여러 번 여행을 하였다. 가까운 국내 여행지부터 비교적 근거리의 해외여행까지 다니며 좋은 추억을 쌓았다. 부모님들도 자식들, 손주와 함께하는 여행을 즐거워하셨다.

올해는 양가 부모님을 동시에 모시고 여행을 가기로 계획했다. 혹시나 어려워하진 않을까 걱정했지만 부모님들께서도 이 제안에 크게 기뻐하셨고, 우리 부부 역시 설레는 마음으로 여행지를 고르기 시작했다. 여러 가지 여행지를 고민해 보았고 아직 건강하시고 활동적인 부모님들께서 즐길 수 있는 관광지가 좋겠다는 결론을 내렸다.

여행지는 태국으로 정했고, 자유 여행을 할 것인가 패키지여행을 할 것인가 고민이 많았다. 패키지여행은 가보지 않았는데 장인어른, 장모님께서 경험이 많으시고 여행 일정 계획, 이동 수단 등을 신경 쓰지 않아도 되는 장점이 있다고 의견을 주셔서 패키지여행을 가보기로 했다.

여행을 가면 여행 코스, 식당, 이동 수단 등 미리 확인하고 현지 날씨에 따라 대체할 수 있는 것을 준비하는 것은 보통 내 담당이었다. 하지만 패키지여행은 일정이 준비되어 있어 온전히 여행에 집중할 수 있었고 여러 사람들과 같이 여행하다 보니 다양한 대화를 할 수 있는 점이 좋았다. 그동안 여행 계획을 세우며 부모님과 아이들 등 모두의 컨디션을 고려하고 날씨나 이동 수단 등 종합적으로 신경 쓰는 게 조금 부담스러웠다. 그러나 이번 여행을 통해 상당 시간 편안함을 느꼈고 패키지여행에 대한 좋은 인식이 생겼다. 하지만 더운 날씨로 인해서 오전 6시부터 일어나서 일정을 시작하는 경우가 많아 모두가 부담을 느꼈다. 또한 식사 메뉴를 선택할 수 없어 아쉬움이 컸다.

이번 태국 여행에서 우리 가족은 새벽 사원, 유람선, 산호섬, 야시장 등 여러 관광지를 둘러보며 좋은 시간을 보냈다. 다른 문화와 매력을 가진 장소를 다니며 가족들과 좋은 시간과 추억을 쌓아 뜻깊은 여행이었다. 태국 문화와 역사, 삶의 방식 등을 직접 경험하며 새로운 것을 알 수 있어 의미가 있었다.

태국의 여러 문화 중 그중에서도 트랜스젠더에 대한 이야기가 특히 인상 깊었다. 현지 가이드로부터 들은 이야기에 따르면, 태국에 트랜스젠더가 많은 이유가 태국과 미얀마 간의 전쟁이 원인이라고 한다. 300년에 걸친 전쟁 동안, 어린 남자아이가 강제로 전쟁에 끌려가는 것을 막기 위해 부모들은 남자아이에게 여장을 시켰고, 이로 인해 성장기의 어린 남자아이가 성 정체성에 혼란이 있었다고 한다. 그 문화로 인해 현대까지 이르러 트랜스젠더가 많다는 이야기였다.

아직 휴전 국가에서 살고 있는 우리나라의 상황이 떠올랐다. 전쟁의 위협이 여전히 남아있는 한반도에서 살고 있는 한 사람으로서, 그리고 한 아이의 아버지로서 많은 생각이 들었다. 전쟁이 단지 정치적, 군사적인 문제에 그치는 것이 아니라, 개인의 삶과 정체성에도 얼마나 깊은 영향을 미치는지 다시 한번 깨닫게 되었다.

처음에는 사돈끼리 함께 여행을 가는 것이 괜찮을지 걱정이 많았다. 서로 다른 두 가족이 한자리에 모여 긴 시간을 보내는 것이 어색하지 않을까 우려되기도 했다. 하지만 양가 부모님 모두 흔쾌히 동의하셨고, 실제로 여행을 떠나보니 괜한 걱정을 했구나 싶었다. 부모님들께서 서로 잘 소통하며 즐겁게 여행을 즐기시는 모습을 보면서, 오히려 이런 기회를 더 일찍 마련하지 못한 것이 아쉬울 정도였다. 10년 전에 부모님 건강 얘기로부터 시작된 '부모님과 함께하는 여행'이 이번엔 '양가 부모님과 함께한 여행'이 되니 감회가 새로웠다. 돌이켜 보니 그때 그런 선택을 배우자와 함께한 것이 잘한 선택이라 생각한다.

시간이 흘러도 추억은 남는 법이니, 이런 순간들을 더욱 많이 쌓아가고 싶다.

▣ 역할 분담

신혼여행으로 유럽 여행을 떠나기로 했다. 첫 유럽 여행지로 이탈리아를 선택해 2주간의 일정으로 계획을 세웠고 서로 첫 유럽 여행이었기에 기대감이 컸다. 항공권과 숙소만 예약해 둔 상태에서, 여행 중 어떤 일정이 좋을지 서로 조금씩 알아보며 준비 중이었다. 여행지를 둘러볼 구체적인 일정은 따로 정하지 않은 상태였다.

일반적으로 많은 사람들이 여행을 준비할 때 세세한 계획을 세우는 편이라고 생각한다. 당시 상대적으로 해외 여행 경험이 많은 아내가 여행지에서 어디를 갈지, 무엇을 먹을지에 대해 신혼여행의 계획을 아내가 세울 거라는 막연한 기대를 하고 있었다. 하지만 출발 며칠 전까지도 서로 여행 일정에 대해 구체적인 계획이 없었다. 이왕 이렇게 된 거 도시 간 이동하는 방법과 필수 정보만 확인하고 현지에서 즉흥적으로 여행을 즐겨보자는 생각을 했다.

"불편함을 느끼는 사람이 먼저 행동한다."라는 말처럼, 나는 여행

전날이 되어서야 도시 간 이동 방법과 교통편 등을 급히 조사하기 시작했다. 기본적인 사항 정도는 확인하고 여행을 가야 하는데 찾아볼 시간이 적어 마음이 급해졌을 때, 다행이도 각 나라별 가이드북을 배포하는 사이트를 발견했다. 해당 사이트에는 이탈리에에 대한 기본적인 정보, 나라별 도시 지도, 도시마다 여행지 및 대표 음식 등을 추천하는 10쪽~20쪽의 가이드북이 있었다. 자료가 많진 않았지만 2주간의 여행 기간동안 충분히 이탈리아라는 나라를 알아볼 수 있을 것으로 판단했다.

그렇게 조금은 엉성한 준비로 떠난 여행이었다. 핸드폰 네비게이션, 출력한 종이 지도와 20여 쪽의 가이드북 하나 들고 여행을 하였다. 혹시 준비 부족으로 여행의 질이 떨어지지 않을까 하는 우려도 있었다. 하지만 이탈리아에 도착해 보니 예상했던 것보다 상황이 훨씬 나았다. 일정을 빡빡하게 정해두지 않았기에 오히려 가고 싶은 곳을 자유롭게 다니며, 현지 분위기를 자연스럽게 느낄 수 있었다. 명소는 대부분 계획대로 방문할 수 있었고, 미리 찾아둔 식당보다 현지인들이 추천한 식당에서 훨씬 더 좋은 경험을 할 수 있었다.

이 여행은 우리에게 새로운 경험이었고, 특히 계획에 구속되지 않고 상황에 맞춰 유연하게 대처할 수 있는 여유가 오히려 여행을 더 즐겁게 만들었다. 이 경험 덕분에 이후 여행에서도 일정과 준비를 담당하는 것은 자연스레 나의 역할이 되었다. 지금이야 핸드폰만으로도 여행 계획을 세우고 현지에서도 계획대로 되지 않을 상황에서 유연하게 대처가 가능할 정도로 정보가 많다. 글을 쓰면서 생각해 보니 당시 출력한 가이드북 하나 손에 들고 여행을 잘 하고 왔는지 신기할 정도다.

가정생활에서도 각자의 역할이 자연스레 생긴다. 집안 가사 일만 해도 그렇다. 요리를 좀 더 하는 사람, 청소를 좀 더 하는 사람 등등... 편히 눕고 싶고, 평온히 쉬고 싶어도 해야 할 일은 어떻게 계속 생기는지..

맞벌이 생활을 하다 보니 평일에는 하루가 순식간에 지나간다. 일을 마치고 집에 돌아오면 아이를 챙기고 저녁을 먹고 치우는 데까지 시간이 훌쩍 지나간다. 그래서 주중에는 집안일에 충분한 시간을 들이기 어렵고, 주말에 집중해서 하게 된다. 주말 중 하루는 거의 온전히 집안일에 쓰이게 되는 날도 많다. 어느새 그게 당연한 일상이 되었다.

최근 몇 년간 가사 도구들이 발달하면서 가사 부담을 덜어주는 기기들이 다양해졌다. 예를 들어, 설거지는 식기세척기가, 빨래 건조는 건조기가, 청소는 로봇 청소기가 해 주면서 일정 부분 일손이 줄어들었다. 이러한 도구들이 일상의 일부가 되면서 집안일에 쏟는 시간이 줄어든 것은 사실이다. 하지만 신기하게도 해야 할 일은 여전히 많고, 끝나지 않는 집안일이 남아 있는 느낌이다. 몇 해 전 미국 CES 전시회에서 모 기업이 발표한 로봇 광고에서는, 가정마다 로봇이 집안일은 물론 비서 역할까지 도맡는 모습을 보여주었다.

그런 날이 하루빨리 오기를 기대해본다.

비단 가사 분담뿐만 아니라, 부부 사이에서도 각자의 기준과 우선순위는 서로 다를 수밖에 없다. 이러한 차이로 인해 때로는 갈등이 생기기도 하지만, 그런 과정 속에서 서로에 대한 배려와 이해의 중요성을 느낀다. 역할을 분담하는 것도 중요하지만, 상대방의 입장에서 생각해 보고 마음을 나누며 서로 배려하려는 마음가짐이 필요하다는 것을 깨닫게 된다.

09 —— 오아름

작가 소개

오아름은 1989년 12월 25일 크리스마스에 태어나 화목한 가정에서 자라, 밝은 성격을 가지고 있는 평범한 30대 여자이다.

그녀는 학창 시절부터 음악, 미술 등 다양한 분야에 관심을 가지고 있었고 대학에서 미술을 전공한 후, 13년 차 회사 디자이너로 살고 있었다.

2023년 30대 중반의 나이로 결혼을 하고 2024년 이제 막 엄마가 되어 제2의 인생을 살고 있는 그녀이다.

작가 노트

제3자가 되어야 비로소 보이는 그들만의 입장과 표현 방법을 알 수 있다. 그리고 나도 이렇게 글을 쓰면서 가족의 사랑을 더욱 느낄 수 있는 계기가 되었다.

나는 이 글을 통해 각자 가족 안에서의 역할을 생각해 보면서 서로를 이해할 수 있는 계기가 되길 바란다.

역할극

나는 딸인가? 아내인가? 엄마인가?

우리는 가족 안에서 여러 개의 역할을 갖게 된다. 나 역시 마찬가지로 누군가의 딸이고, 누군가의 아내이자, 누군가의 엄마가 될 사람이다. 나는 내 역할 속에서 바라보는 그 누군가를 소개하고, 그들과의 스토리를 소개하고자 한다.

▪ chapter 1. 아빠인 듯 아빠 아닌 아빠 같은 아빠

아빠라는 존재가 누군가에게는 다가가기 어려운 존재, 누군가에게는 존경의 대상, 누군가에게는 친구 같은 존재, 저마다 느끼는 게 다른 것 같다.

나에게 아빠는 어떤 존재일까?

우리 엄마, 아빠 세대 그리고 그 위 세대의 아빠 역할은 가장으로서 일만 하는 존재가 더 컸던 것 같다. 가정 교육에 대한 정보가 많지도 않았고 영향력이 얼마나 큰지에 대해 인식을 못 하고 있었을 것이다.

하지만 요즘은 TV만 틀어도 아빠가 육아를 한다거나, 아빠와 자식 단둘이 여행을 가는 것을 흔하게 볼 수 있고, 어떻게 교육을 해야 하는지에 대한 강의나 프로그램이 많아졌다. SNS에서도 '아빠의 영향력이 아이에게 미치는 영향'이라는 주제로 보이는 쇼츠도 심심치 않게 볼 수 있다.

내가 느끼는 옛날의 아빠들은 자식에 대한 관심이 부족한 것이 아닌, 대하는 방법을 잘 몰랐던 것이라 판단된다.

우리들의 아빠는 어떤 아빠였을까?

우리 집은 부모님, 동생, 나 그리고 외할머니와 같이 산다. 아빠가 장모님을 모시고 사는 거다. 어릴 때는 당연하게 생각하던 게 커서 보니 쉽지 않은 결정이었다는 걸 알고 새삼 아빠가 대단하다 느껴졌다.

나는 어릴 때부터 아빠랑 엄청 친했는데, 학교에 행사가 있거나 하면 엄마가 아닌 아빠가 왔다. 동생 때도 그랬다. 그때는 '엄마는 왜 나한테 관심이 없지?' 생각했는데, 지금 생각해 보니 엄마보다 아빠의 스케줄이 비교적 자유로운 편이어서 그랬던 것 같아 이해가 됐다.

우리 엄마 아빠는 내 또래 다른 친구들의 부모님들에 비해 젊으신 편이었다. 내가 청소년 시절에는 부모님이 너무 젊으셔서 나를 다 파악하고 있는 것 같아 싫은 점도 많았다. 하지만 젊은 부모님이어서 다른 부모님들보다 늘 세련되고 친구 같아서 좋은 점이 더 많았던 것 같다. 우리 아빠는 내 친구들한테도 별명을 부르며 살갑게 대하는데 그 덕에 내 친구들도 우리 아빠랑 허물없이 잘 지낸다.

지난 내 결혼식 피로연에서 아빠가 내 친구들을 보더니 자리를 잡고 소주 한잔을 하기도 했다. 우리 아빠는 아직까지 한없이 다정하고 나와 친하다.

한번은 서울 가는 길에 아빠한테 버스를 같이 기다려 달라고 했다. 당연히 우리 아빠는 단지(반려견)를 품에 안고 같이 기다려주었다. 버스가 도착하였고, 나는 아빠에게 "안녕~"을 외치며 버스에 올랐다.

버스 기사님이 물으셨다.

"친오빠예요?"

"아니요, 아빠예요. ㅎㅎ"

"어우, 엄청 젊으시네!"

아빠한테 이 얘기를 해줬더니 생긋 웃었던 게 기억이 난다.
이때의 내가 20대 초반이니, 아빠도 볼살 통통하고 얼굴에 주름 하나 없는 40대 초반이었기에 멀리서 본 기사님의 눈에는 아빠가 굉장히 젊어 보였을 것 같다.

또 한번은 내가 사회 초년생 시절, 첫 회사가 서울이라 출퇴근하기 멀어서 자취방을 알아보러 다녔었다. 역시나 나는 엄마가 아닌 아빠와 알아보러 다녔다. 부동산에 같이 들어가는 순간 부동산 주인이 약간 이상(?)하게 쳐다보길래 선수 쳐서 "아빠예요. ^^" 했다. 아빠는 이제 이런 걸 약간 즐기는 것 같았다.

나이가 들수록 다른 사람들에게 젊어 보인다는 건 기분이 좋을 수밖에 없다. 나도 이런 상황이 기분 나쁘지 않고 재밌고 좋았다. 마냥 젊어 보였던 우리 아빠는 어느 순간 나이를 먹고 얼굴에는 주름이 많아졌다. 이제는 누가 봐도 영락없는 누군가의 아빠가 되어있었다. 이런 우리 아빠에게 소중한 존재는 자녀뿐만 아니라 언제나 늘 1위는 나의 엄마이자 아빠의 아내이다.

아빠는 생활과 취미 모든 것을 엄마와 함께한다. 부부의 기념일마다 챙기는 건 물론 엄마가 지나가는 말로 다리가 아프다 그러면 자다가 일어나서 새벽에 엄마 다리를 주물러주고, 엄마가 어디를 이동할 때마다 엄마의 기사가 되어준다. 엄마도 꼭 혼자서 잘하면서 아빠가 보이면 갑자기 아기가 되어 "여보~" 하면서 아빠를 찾는다. 나는 그 모습이 웃기고 귀엽고 부러웠다. 우리 부모님이지만 '나도 결혼하면 꼭 저렇게 살아야지' 꿈꿔왔던 것 같다.

우리 엄마 역시 아빠의 사랑을 듬뿍 받아서 그런가, 아직 너무 젊고 아름답고 밝은 여자의 삶을 살고 있다.

나는 아빠가 여태까지 나와 친구처럼 지내주고 엄마와의 사랑을 우리들에게 아낌없이 보여줬기에, 지금의 밝고 긍정적인 나로 성장했다고 생각한다.

여전한 나의 Best Friend이자 우리 가족의 든든하고 다정한 우리 아빠, 나에게 어떠한 가정 교육보다 값진 교육을 하게 해준 부모님께 항상 감사하며, 좋은 본보기로 삶고 나 또한 좋은 영향을 주는 딸이자, 아내이자, 엄마인, 그리고 한 여자의 삶을 살아보려 한다.

▣ chapter 2. 나의 Best Freind가 바뀌었다?

남들이 보면 배 아플 수도 있는? 간질간질한 내 남편과의 연애와 결혼사! 아빠한테는 섭섭하게 들릴 수 있겠지만, 내 베프가 바뀌었다!

내 나이 만 33세일 무렵, 나도 드디어 결혼을 했다.

'드디어'라고 얘기한 이유는, 우리 부모님이 젊을 때 결혼하기도 했고 결혼 생활이 좋아 보였어서인지 모르겠지만, 빨리 결혼을 하고 싶었고 빨리 할 것이라 생각했기 때문이다.

우리 부모님 또한 내가 30대가 되도록 결혼을 안 할 줄은 몰랐던 것 같았다. 지금 시대에서는 그렇게 늦은 나이에 결혼을 한 건 아닌 것 같지만, 적어도 우리 집안에서의 나는 노처녀 취급을 받으며 살고 있었다.

어릴 적 내가 원하는 남편의 이상향은 아빠 같은 사람이었는데, 내 남편은 과연 그런 사람일까? 아직까지 정확히는 잘 모르겠지만 적어도 내 남편은 우리 아빠 같은 남편이자, 그런 아빠이길 희망하는 사람인 것 같다. 이미 그런 마음가짐으로도 절반은 성공했다고 생각한다.

나는 내 남편을 아는 언니의 생일 파티에서 만났다. 처음 봤던 내 남편의 모습은 머리도 덥수룩하고 풍채가 좋고 뭔가 수줍어하는 느낌의 남자였다. 그동안 내가 연애했던 남자 친구들의 스타일과는 정반대의 스타일이었다.

그럼에도 불구하고 묘하게 이끌렸던 이유가 무엇이었을까?

이렇게 결혼까지 한 걸 보니 이것은 운명이었던 것일까?

마냥 수줍어만 보이던 이 남자에게 나는 편안함과 재미를 느꼈고 우리는 우리 나름 오랜 기간 썸을 탄 후 연인이 되었다.

썸을 타는 기간에 속으로 '왜 이 남자가 빨리 사귀자고 고백 안 하지?' 생각했던 걸 보니 내가 더 급했나 보다.

사귀고 보니 닮은 점도 많았고 다른 점도 많았던 우리는 연애하는 내내 서로 맞춰가며 일상생활의 전부를 공유했다.

생각해 보면 내 남편은 알게 모르게 엄청난 노력을 했었다. 내가 그때 당시 골프에 빠져있었는데, 내 남편은 칠 줄도 모르는 골프를 나를 만나기 위해 본인도 칠 줄 안다면서 내 직장 앞까지 왔던 적이 있다. 당연히 첫 스윙에 못 친다는 게 들통났다. 그 뒤로 꾸준한 연습을 통해 이제는 나랑 비슷한 실력이 되어서 서로 내기를 하면서 친다. 내가 좋아하는 취미를 공유한다는 게 얼마나 행복한 일인지 모를 거다.

나의 또 다른 취미는 뮤지컬을 보는 것인데, 어떻게 보면 반강제로? 내 남편을 끌고 다녔다. 억지로 차에서 뮤지컬 노래를 듣게 하고 내가 좋아하는 배우 위주로 보러 다녔는데, 너무나 고맙게도 내 남편은 그때마다 감상평도 열심히 말해주고 이제는 제법 말이 통하는(?) 사람이 되었다. 나는 자주 뮤지컬 노래를 흥얼거리면서 다니는데, 어느 날부터인가 남편이 뮤지컬 노래를 흥얼거리는 걸 보고 피식했던 적이 있다. 지금도 그런 모습을 보일 때마다 좀 웃기면서 귀엽고 고맙다.

연애하는 내내 같이 있으면 즐겁고 편안함을 느꼈고 이 남자와 결혼하면 적어도 내가 내숭을 떨지 않고 내 있는 모습 그대로를 사랑해 줄 수 있겠다는 생각이 들었다. 그리고 살면서 재미는 보장받으며 살 수 있을 것 같다는 확신이 들었다.

우리는 그렇게 2023년 7월 결혼을 하였고 현재 1년 차 신혼부부이다. 여전히 내 남편과 같이 있으면 즐겁고 행복하다. 내 남편과 나는 연애 때보다 결혼 후 서로를 더 많이 아끼고 사랑하고 있다. 나보다 일찍 퇴근하는 남편은 오후 5시가 되면 연락을 해온다.

"오늘 저녁은 뭐 먹을까?"

내가 퇴근해서 집에 들어오면 맛있는 음식 냄새로 집안이 가득 차있다. 나는 우리 남편이 이렇게 요리를 잘하는 사람인 줄 몰랐다. 내 친구들이 우리 집에 놀러 와도 내 남편이 요리를 해준다. 그 덕에 내 친구들 사이에서 내 남편은 '요리사, 요리왕, 먹잘알' 별명이 생겨버렸다.

어디서 이런 글을 본 적이 있다. 남편이 아내를 딸처럼 생각하면 그건 최고의 사랑이라고.

실제로 내 남편은 매일같이 내 머리를 말려주고 맛있는 걸 먹으면 항상 나를 먼저 챙겨주고 모든 것을 나를 위해주는 마음이 느껴진다. 실제로도 내가 딸 같다고 했다. 내 남편이 나를 아주 많이 사랑하고 있다는 증거인가 보다.

여기까지만 봐도 내가 원하는 우리 아빠의 모습을 좀 닮아가고 있는 것 같기도 하다.

우리는 더 늦기 전에 아기를 갖기로 했고, 감사하게도 나는 임신을 하게 되었다.

내 남편은 태어났을 때부터 부모님이 이혼하셔서 아버지의 사랑을 받지 못하고 자랐다. 어머님께서 그 빈자리가 느껴지지 않도록 강하게 잘 키워주신 덕에 자라오면서 외로움을 크게 느끼지는 않았지만 어떻게 해도 채워지지 않는 부분이 있었다고 한다.

남편은 어릴 적 운동회에서 아들과 아빠들의 함께하는 모습을 보면서 항상 부러웠고 꿈꿔왔다고 했다. 그래서 내 남편은 먼 미래에 가정이 생기고 아들이 생기면, 운동회에 꼭 참가해서 1등 하는 아빠의 모습을 늘 생각하며 살아왔단다.

아직 내 아이가 태어나고 자라기까지 많이 남았지만, 우리는 각자의 꿈꿔왔던 가정의 모습에 다가가기 위한 상상을 펼치며 행복하게 지내고 있는 중이다.

누구보다 다정한 아빠가 될 거라는 내 남편, 그리고 정말 한없이 다정하고 내 아이한테도 그럴 것 같아서 믿음직스러운 내 남편. 현재까지도 앞으로도 최고의 아빠이자 내 남편이다.

▪ chapter 3. 엄마, 그리고 나의 또 다른 가족

내가 20대 중반일 즈음 친구들이랑 모여서 술을 한잔하면 꼭 가족에 관한 얘기가 나왔다. 하나둘 본인의 가정사를 얘기하며 서로 눈물을 흘리며 공감을 해주었다.

한 친구가 나에게 말했다.

"근데 너는 왜 너 얘기를 안 해?"

"응? 난 딱히… 할 얘기가 없는데…."

"넌 진짜 네 얘기 안 하더라~"

나는 정말로 우리 가족에 대한 고민이 없었다. 분명 나도 부모님께 불만투성이인 삐딱한 사춘기를 겪었지만, 내가 단순했던 거일 수도 있고 나에게 가족은 딱히 고민거리의 주제가 되진 못했다. 그런 나를 친구들은 '속얘기 안 하는 답답한 친구'라고 생각했을 수도 있을 것 같다.

어릴 적부터 나는 가족과 친밀했다. 각자 일 끝나고 식탁에 앉아서 같이 밥을 먹고, 누군가 빠르게 밥을 다 먹어도 얘기를 나누며 항상 기다려주고, 저녁 식사가 끝나고는 거실에 앉아서 자기 전까지 함께 TV를 보며 수다를 떨었다. 어떻게 보면 당연한 건데, 그러지 못한 가정들이 너무나 많다는 걸 느꼈다.

결혼을 한 지금도 친정과는 차로 15분 정도의 거리라 그런지 일주일에 1~2번은 꼭 만나는 것 같다. 같이 저녁을 먹기도 하고, 부모님과 우리 부부는 취미가 골프라 같이 라운드를 나가거나 스크린 골프를 치러 가서 부부 동반 내기도 한다. 나는 이런 가정 환경에서 자라왔고, 앞으로도 내 가정은 이런 모습이어야 한다는 걸 꿈꾸며 자라왔다.

결혼을 했어도 마냥 부모님의 품에서만 있을 것 같던 나에게 또 다른 가족이 생겼다. 바로 아기가 생겼다. 우리 부부의 신혼 생활이 그렇게 길지는 않았지만 임신을 한 지금 상태에도 여전히 신혼처럼 알콩달콩하며 지내고 있다.

우리는 아기를 굉장히 좋아하는데, 평소 지나다니면서도 아이들이 있으면 꼭 아는 척을 하고 서로 아이들의 관심과 사랑을 받기 위해 몸부림치는 스타일이다. 그래서인지 임신을 하게 됐을 때 우리는 서로 너무 좋아했다.

임신의 기쁨도 잠시, 초기에는 유산의 위험으로 스트레스를 받아서인지 원형 탈모가 생겼다. 이 때문에 내 남편은 나의 손과 발이 되어 주었다. 입덧으로 인해 음식 냄새도 맡기 싫어서 내 남편은 눈치를 보며 밥을 했다. 나는 정말 누워만 있었고 내 남편이 모든 집안일을 하게 되었다.

지금 생각하면 그게 너무 미안하고 고맙고 짠하다.

지금은 컨디션이 제일 좋았던 중기를 지나 어느새 임신 말기에 접어들었다. 아마 이 책이 출판될 즈음엔 뱃속의 아기가 태어났을 것이다.

요즘엔 태동도 많아져서 가만히 있다가도 깜짝 놀란다. 여자는 아기를 품고 있어서 모성애가 생각보다 빨리 오지만, 남자는 실제로 경험을 하는 것이 아니기에 아기가 태어나야지 부성애가 생긴다는 말을 들은 적이 있다. 내 남편 또한 여태까지는 잘 느끼지 못하다가 태동이 생기고 본인 손끝으로 느껴지니까 좀 더 실감이 나기 시작했다고 한다. 하루에도 몇 번씩 내 배에다가 "땅콩(태명)아~" 부르면서 태담을 해주고, 튼살 크림을 발라주면서 소통을 한다. 그 모습을 보면서 나는 행복한 감정이 들고 굉장히 좋은 태교가 되고 있다.

내가 엄마가 되는 과정에서 자연스럽게 우리 엄마의 예전 삶이 궁금해졌다.

우리 엄마와 나는 친구 같은 사이다. 젊은 엄마이기도 하고 MBTI도 성격도 나랑 똑같다. 요즘 내 관심사는 온통 아기로 가득한데, 엄마한테 나를 임신했을 때, 내가 어렸을 때의 얘기를 듣는 재미가 쏠쏠하다.

지금은 임신을 하면 남편들이 많이 도와주기도 하고 시댁을 포함한 주변 사람들 모두 산모를 위해주는 시대를 살고 있지만, 엄마가 임산부였던 시절에는 그러지 못했던 것 같다. 지금은 이렇게나 다정했던 아빠도 본인의 부모 앞에서만큼은 영락없는 가부장적인 남편이었다.

엄마는 만삭의 몸임에도 불구하고 시댁과 친인척 상차림을 하고, 먹고 싶은 게 많았을 시기에 눈치를 보면서 간식을 먹곤 하셨다. 지금이야 웃으면서 얘기할 수 있지만 그때 당시 엄마는 얼마나 서러웠을까? 그때 당시에는 당연했던 일이라며 추억 얘기하듯이 회상하는 엄마를 보면서 같은 여자로서 분노하며 아빠한테 따지기도 했다. 그러면 아빠는 "내가 그랬다고? 기억 안 나는데~" 하면서 모르는 척을 한다.

한번은 아빠가 할머니 앞에서 엄마한테 센 척을 했는데 그게 마음에 걸렸는지 방에 들어와서 무릎 꿇고 싹싹 빌었다고 한다. 그 모습이 상상되면서 웃기기도 하고 아빠 본성 자체는 다정하긴 했었구나 싶었다.

엄마는 젊은 시절 결혼을 하고 내가 태어났을 때부터 지금까지 쭉 일을 하던 사람이다. 한 번쯤은 쉬고 싶었을 텐데 가정을 위해서 현재까지도 일하는 모습을 보면 대단하다고 느껴진다. 일 때문에 늘 바빴던 엄마였지만 항상 가족의 소중함이 먼저였고 자식에게 좋은 경험과 추억을 많이 쌓아주었다.

나는 내 가족 안에서 맡은 역할을 잘 해낼 수 있을까?

우리 아기에게는 편한 친구 때로는 존경할 만한 부모로 느껴졌으면 좋겠고, 내 남편에게는 평생 함께하고 싶은 친구로 남고 싶다. 그리고 나의 부모에게는 여전히 사랑스럽고 예쁜 딸로 남으려 한다.

가족은 우리의 삶에서 가장 소중하고 중요한 존재이다.

때때로 바쁜 일상과 익숙한 패턴 속에서 이 소중함을 잊고 지내기도 한다. 그리고 나의 행동 하나로 인해 가족의 분위기가 바뀌기도 한다. 이미 흘러간 시간은 되돌릴 수 없기에 이 순간을 항상 소중히 여기고 사랑을 마음껏 표현할 수 있어야 한다. 현재까지 그러지 못했다면 앞으로 바뀌어 보면 어떨까?

나는 나에게 주어진 캐릭터를 잘 소화해 낼 수 있도록 끊임없이 사랑하고 노력해서 내 가정에서의 역할극을 성공적으로 마무리할 것이다.

에필로그

김명준

　부모님과 주변 사람들의 압박, 사회 풍조 등을 이유로 결혼을 하여 아이를 낳아야지만 하나의 가정이 탄생하게 됩니다. 이것이 우리가 알고 있던 고정적인 의미의 가족이라는 단어였습니다. 하지만 지금은 강제가 아닌 본인의 의사 또한 존중을 받는 시대이기에 조금 더 포괄적인 개념으로 변모하게 되었습니다. 반드시 피로 맺어진 혈연관계의 의미를 갖는 단어가 아닌, 서로를 아끼거나 지지하는 등의 사람들로 구성된 크고 작은 공동체 집단 또한 가족이라 볼 수 있습니다.

　이 글을 읽는 사람, 더 나아가 모든 사람들은 여러 형태의 가족이 공존하는 현시대의 상황에 맞게 오랜 고정관념을 깨고 그들의 삶을 인정하고 받아들여야 하지 않을까 생각합니다.

김지수

책을 마치며, 글을 쓴다는 행위가 독자와 저자 모두에게 어떤 의미가 되었으면 좋겠다는 생각을 해봅니다. 때때로 글은 우리 안에 잠들어 있던 감정이나 기억을 깨우고, 무심코 지나쳤던 소중한 것들을 다시 보게 만드는 힘을 지니고 있습니다. 가족이라는 주제 역시 그중 하나일 것입니다. 각자의 삶 속에서 가족의 의미를 되새기고, 그 안에 담긴 따뜻함과 유대를 떠올릴 수 있었다면, 이 글을 쓰고 읽는 과정은 충분히 의미 있지 않았을까 싶습니다.

박성호

나는 어렸을 때 책 읽는 것을 좋아했다. 특히 역사에 관한 내용을 좋아했는데 성인이 되면서 책은 좋아하지만 시간이 없다는 핑계로 책을 읽지 않았다. 하지만 책을 써볼 기회가 생기면서 나의 가족들에 대한 얘기를 책으로 쓰려고 하니 잘 써지지는 않았지만 책을 재미있게 읽었던 예전의 기억이 나서 좋은 기회였다고 생각한다.

또한 책을 쓰면서 가족들을 더욱더 생각하게 되었고 내가 만약 결혼을 하여 생겨날 또 다른 가족들에게 어떻게 할지 생각하게 되는 계기가 됐다.

내 글을 읽는 사람들에게도 나와 같이 가족들에 대하여 생각해 볼 수 있는 계기가 생겼으면 좋겠다는 마음으로 이 글을 마친다.

박훈민

나의 인생길은 여전히 진행 중이다.

이 길은 언제 끝날지 모르고, 또 어떤 일이 벌어질지 알 수도 없지만, 내가 사랑하는 가족과 살아있는 동안 나의 인생의 여정을 무사히 마치고 웃으면서 헤어지는 이별이 되기를 간절히 바랄 뿐이다.

심종하

나의 인생에 있어서 가족으로 인해 많은 변화를 갖게 된다.

좋은 일도, 힘들었던 고난도. 나 혼자 있었다면 쉽게 해결할 수 있는데, 가족을 보살펴야 하는 입장에서 가족들을 이끌고 함께 헤쳐나가야 한다는 입장에서 많은 고민과 많은 생각을 하게 만든다.

가족이라는 게 그래서 참 어려운 거 같다. 그래도 가족이 있음으로 인해 내가 존재하고, 가족이 없었다면 내가 어떻게 되었을까 참 많은 고민도 하게 된다.

나에게 많은 기쁨도 주고 또한 많은 상처도 시련도 주는 가족이지만, 그래도 나는 행복하다. 가족이 내 곁에 있어서.

가족이 있음으로 인해 나는 존재하고, 나는 행복한 사람인 거 같다.

이경미

가족이란 글을 쓰기 시작했을 때 생각처럼 글 쓰는 게 쉽지 않았다. 아마 너무나 당연한 것을 글을 쓰려다 보니 심적 부담감이 작용했던 거 같다.

그럴 때마다 엄마를 생각하면서 이 글을 마무리할 수 있었고 가슴 속에 남아있던 아픈 기억은 이 글을 쓰면서 모두 치유한 느낌이 들었다. 내 인생에서 정말 멋지고 값진 경험을 했다.

가족이 있음에 감사하며, 또 앞으로 다가올 가족의 모습도 기대가 된다.

임종미

우선 내가 쓴 글에 나오는 모든 등장인물에게 사랑한다는 말을 전하고 싶습니다. 말로는 다할 수 없는 미안함과 고마움을 글로 표현했다고 생각하는데, 부족함이 있고 서운한 마음이 들어도 너그러이 이해해 주세요.

가족은 때로는 힘이 되기도, 때로는 가장 큰 상처가 됩니다. 『집에서부터 시작된 마음의 여정』이라는 책 제목대로 삶의 여정 속에는 위아래 곡선이 있기 때문에, 그 모든 과정이 결국 우리를 더 단단하게 만들어준다고 생각합니다.

이 책을 쓴 계기로, 과거에만 얽매이지 않고 미래를 꿈꾸는 한 사람이 되고자 합니다.

오세환

글로 내 생각을 표현한다는 것이 쉽지 않았다.
특히 가족이라는 친숙한 주제를 내 이야기로 풀어내는 것은 더 큰 고민을 안겼다. 많은 양의 글은 아니지만, 내 삶의 가치관과 변화를 담으려 노력했다.

올해 초 시작한, 익숙하지 않은 글쓰기를 완료했다는 것이 가장 큰 의미가 아닐까 싶다.

사랑하는 사람들과의 소중한 기억을 만들기 위해 오늘, 지금 한 발짝 내딛어 보길 바란다.

오아름

나는 이 책을 쓰는 과정에서 아기가 태어났다. 엄마가 된 것이다. 처음 아기 울음을 들었을 때 밀려오는 감격스러움에 엄청 울었다.

아기가 태어나면서 우리 가족은 모든 역할들이 또 한 번 바뀌었다. 요즘에는 나는 물론이고 내 남편과 우리 부모님한테서 처음 듣는 하이톤 목소리가 들려오고, 아기 앞에서 온갖 몸짓으로 재롱떠는 가족들의 모습을 보고 있다.

아기가 성장할수록 우리 가족의 분위기에 어떤 변화가 이루어질지 기대 중이다.

이 아기도 나중에 가족 안에서 새로운 역할이 생기겠지?

작가에게 보내는 응원

- 전익수

가족이라는 관계는 특별하다. 가족끼리는 사회생활에서 의례히 지켜야 하는 예의범절과 격식을 차리지 않아도 그다지 이상하지 않다.

편한 속옷 차림으로 속생각을 풀어놓으며 가까운 남을 은근히 흉본다고 해도 한편이라는 생각에 아무렇지 않게 넘어간다. 휴일에 늦게 일어나 세수도 하지 않은 채 한 식탁에서 밥을 먹어도 서로 편하다. 사회생활에서 신분, 직업, 체면 때문에 쓰고 있던 가면을 집에 돌아와 가족 앞에서 벗어던져 놓고 생얼굴로 마주해도 가족이라서 아무렇지 않다.

어떠한 언쟁거리로 부딪쳤을 때, 남들과의 관계에서는 웬만하면 참고 넘어갈 일이 가족끼리는 참지 못하고 설익은 감정을 그대로 드러내며 티격태격 시비를 따지는 경우가 흔하다. 사회생활에서 문제에 부딪히면 합리적으로 판단하고 처리한다고 존경받는 사람이 가족 안에서는 참지 못하고 목소리를 높이며 전혀 다른 모습의 사람이 되기도 한다.

가족끼리는 좋고 싫은 마음을 감추거나 숨기지 못하고 드러내는 경우가 많다. 그래서 가족은 감정의 덩어리로 얽힌 특별한 관계이다. 남 같으면 안 보고 살면 그만이지만, 가족은 얽힌 감정을 그대로 묵히며 살아가는 경우가 많다. 어떤 가족은 도무지 풀기 어려운 감정의 골을 안고 평생 마음의 짐으로 감당하며 살아가기도 한다.

9명의 예비 작가들이 앞으로 출간할 책의 주제를 가족으로 정했다고 처음 들었을 때 솔직히 다행이라는 생각이 들었다. 그들이 평소 글을 쓸 기회가 별로 없었을 터인데, 누구나 쉽게 접할 수 있는 '가족'으로 친숙한 주제가 정해졌다고 해서 내심 반가웠다. 이 세상에 태어난 사람치고 누구에게나 가족은 있기 마련이고 한 지붕 아래서 한솥밥을 먹으면서 부대끼고 살아가는 가족이니, 날마다 겪는 가족들의 이야깃거리가 많아 그나마 글쓰기가 수월할 거라고 생각했다.

올해 초 이 책을 내기 위한 첫 번째 모임에서 글을 쓰는 가이드라인을 제안했다.

"주제로 정한 가족의 구성원은 사람으로만 합니다. 그러니까 애완동물은 이 책에서 다루는 가족에 포함하지 않습니다. 다른 가족들의 모습을 설명하는 글 말고 내 가족의 이야기로 글을 써보자고요. 흔히 사람들은 글솜씨 좋은 유명 작가의 글을 쳐주지만, 우리와 같은 보통 사람이 쓴 소박하고 솔직한 글에서도 얼마든지 재미와 감동을 느끼니 가능한 한 자신의 이야기로 진솔한 글을 써보도록 하세요."

얼마 후에 예비 작가들이 처음 쓴 글의 초안을 받아보았다. 부대끼고 살아가면서 서로 아끼고 챙겨주는 가족들의 에피소드로 채워진 글과, 지금까지 어려운 시절을 함께 헤쳐온 가족에 대한 애정으로 미래를 더 잘 살아가려는 마음을 담은 글이 있었다.

그러나 내 생각과는 다르게 쓴 글들이 있었다. 우리 사회의 가족에 대한 이해와 고찰 같은 느낌의 글도 있었다. 이렇게 쓰인 글은 비교적 반듯한 문장과 체계적인 구성으로 쓰였지만 평론문 같은 건조함이 느껴졌다.
남에게 보여주고 싶지 않은 가족에 대한 이미지, 숨기고 싶은 내 가족의 모습, 세상에 노출하기에는 아픈 가족사를 가슴에 담고 있는 모습이 보였다. 그러한 가족의 이면을 뒤로 돌려서 감정을 절제하면서 좋은 글을 써보려는 노력이 내가 아닌 남의 가족을 설명하는 건조한 문장으로 쓰였다.

기왕에 솔직하게 글을 써보라고 처음에 제시했었는데, 남 이야기 말고 자신의 이야기를 써보라고 권했었는데, 이것을 채근하며 다시 글을 써보라고 등 떠밀기에는 부담되는 상황이었다. 이 일은 회사의 비즈니스가 아니었다. 개인적인 이야기로 채워진 책을 출간하는 의무가 주어진 것은 아니었다. 굳이 필요 없는 일에 오지랖 넓은 사장이 업무만 잘해도 되는 사람들에게 글을 쓰고 이것을 모아서 책으로 내자고 개인적인 욕심을 부리는 것은 아닐까.

이런 것에 신경 쓰기에는 나도 해야 할 일이 많은데. 글쓰기가 너무 힘들 것 같으면 이쯤에서 그만하고 빠질 뒷문을 적당히 열어주고 없던 것으로 하면 어떨까. 이런저런 생각에 두어 달이 금방 지나갔다.

그러다 마음을 다시 다져먹고 한 사람씩 붙들고 대화하며 다시 맘먹고 글을 다듬고 써보자며 북돋았다.

"임직원이 함께 쓴 글로 책을 내도록 하는 것은 회사의 업무하고는 관련이 없는 일입니다. 여러분보다 조금 더 인생을 경험한 사장이, 글을 쓰고 책을 내고 어설프지만 작가가 되는 것이 여러분에게 좋은 경험이 되고 배움이 된다고 확신하기에 여러분의 이름으로 책을 내보자는 것입니다. 이것은 나이 든 사장의 권위로 한참 아래의 동생뻘이거나 아들딸 세대의 인생 후배인 여러분에게 줄 수 있는 선물이라고 확신합니다. 그래서 나와 여러분이 쉴 수 있는 시간을 쪼개고 시간과 노력을 들여서 글을 써보자는 겁니다."

"자신의 이야기를 말로 꺼내는 것은 쉽지 않습니다. 솔직한 대화를 하기가 여간해서 쉽지 않습니다. 이러한 생각을 남에게 보여줄 글로 써서 남기는 것은 아무래도 어렵고 많은 생각을 하게 만듭니다. 좋은 글을 쓴다는 것은 평소 꾸준한 훈련의 결과인데 갑자기 글을 써보라고 하니 매우 어려울 겁니다.

자신의 스토리로 글을 쓰는 것은 '창작' 활동입니다. 글을 쓰는 것은 대부분의 경우 어려운 작업이지만 매우 가치 있는 활동이고 자신의 성장에 크게 도움이 됩니다.

자신의 글이 '쑥스럽다', '유치하다', '오그라든다'처럼 부끄럽게 생각하는 것은 자기 자신일 뿐입니다. 자신의 솔직한 글을 읽는 다른 사람들은 그 글에 오히려 공감하고 친밀하게 느낍니다. 가족이라는 주제로 쓴 글이 아무리 멋지게 논리적이어도 남의 이야기를 옮긴 글은 무미건조한 경우가 많습니다.

그러나 이번에 가족에 대한 글을 쓰고 남기는 것은 자기 자신과 가족에게 반드시 좋은 방향으로 긍정적인 영향을 줄 겁니다. 가족은 '피는 물보다 진하다.'라는 절대적인 진리가 미치는 특별한 관계입니다. 가족이라는 의식의 이면에는 보이든 보이지 않든 가슴 시린 애절한 감정이 깊게 깔려있습니다. 자신의 글을 통해서 나의 가족이 서로 돌아보게 되고, 좀 더 이해하게 되고, 지금은 아니더라도 언젠가 훗날 이 글을 통해 서로를 되돌아보며 좋은 방향으로 바뀌어 나갈 겁니다.

가족끼리 서로 아끼며 지켜준다는 것이 얼마나 귀한 것인지, 가족끼리 아픈 상처를 그대로 볼 수 있기만 해도 치유가 시작될 수 있다는 것을, 가족이 사랑을 유지하고 아픔을 나누는 것이 가족이라는 이름만으로 거져 주어지지 않고 부단히 노력한 결과라는 것을, 이러한 생각을 자신의 글이 담긴 이 책으로 내면서 조금이라고 건질 수 있다면 그것이야말로 우리 모두에게 주어지는 큰 선물입니다."

  새내기 작가들이 지난 1년 동안 조금씩 써서 다듬어온 글로 엮어진 한 권의 책이 세상에 나왔다. 비록 글의 분량이 많지 않고 전업 작가다운 멋지고 매끄러운 표현으로 쓰이지 못한 부족함이 있을 수 있다.
  그러나 나는 소박한 글들을 묶어서 출간한 이 책이 9명의 작가들에게 글을 쓴다는 것, 책을 내본다는 것, 나의 가족에 대하여 진지하게 생각하는 기회를 갖게 한 소중한 창작물이라는 생각을 굳이 숨기지 않는다.